NOUVELLE BIBLIOTHÈQUE

DES

CLASSIQUES FRANÇAIS.

OEUVRES

DE

BOILEAU DESPRÉAUX.

—

TOME SECOND.

PARIS,

A. POUGIN, LIBRAIRE,

QUAI DES AUGUSTINS, N. 49.

1857.

****

ORLÉANS, Imp. de COIGNET-DARNAULT,
Rue Bannier, n° 83.

****

AVIS AU LECTEUR.

Il serait inutile maintenant de nier que le poême suivant a été composé à l'occasion d'un différend assez léger, qui s'émut, dans une des plus célèbres églises de Paris, entre le trésorier et le chantre. Mais c'est tout ce qu'il y a de vrai. Le reste, depuis le commencement jusqu'à la fin, est une pure fiction : et tous les personnages y sont non-seulement inventés, mais j'ai eu soin même de les faire d'un caractère directement opposé au caractère de ceux qui desservent cette église, dont la plupart, et principalement les chanoines, sont tous gens, non-seulement d'une fort grande probité, mais de beaucoup d'esprit, et entre lesquels il y en a tel à qui je demanderais aussi volontiers son sentiment sur mes ouvrages, qu'à beaucoup de messieurs de l'académie. Il ne faut donc pas s'étonner si personne n'a été offensé de l'impression de ce poême, puisqu'il n'y a en effet personne qui y soit véritablement attaqué. Un prodigue ne s'avise guère de s'offenser de voir rire d'un avare, ni un dévot de voir tourner en ridicule un libertin.

Je ne dirai point comment je fus engagé à travailler à cette bagatelle sur une espèce de défi qui me fut fait en riant par feu M. le premier président de Lamoignon, qui est celui que j'y peins sous le nom d'Ariste. Ce détail, à mon avis, n'est pas fort nécessaire. Mais je croirais me faire un trop grand tort si je laissais échapper cette occasion d'apprendre à ceux qui l'ignorent, que ce grand personnage, durant sa vie, m'a honoré de son amitié. Je commençai à le connaître dans

le temps que mes satires faisaient le plus de bruit;
et l'accès obligeant qu'il me donna dans son
illustre maison fit avantageusement mon apologie
contre ceux qui voulaient m'accuser alors de li-
bertinage et de mauvaises mœurs. C'était un
homme d'un savoir étonnant, et passionné admi-
rateur de tous les bons livres de l'antiquité; et
c'est ce qui lui fit plus aisément souffrir mes ouvrages, où il crut entrevoir quelque goût des anciens. Comme sa piété était sincère, elle était
aussi fort gaie, et n'avait rien d'embarrassant.
Il ne s'effraya point du nom de satire que por-
taient ces ouvrages, où il ne vit en effet que des
vers et des auteurs attaqués. Il me loua même
plusieurs fois d'avoir purgé, pour ainsi dire, ce
genre de poésie de la saleté qui lui avait été jusqu'alors comme affectée. J'eus donc le bonheur
de ne lui être pas désagréable. Il m'appela à tous
ses plaisirs et à tous ses divertissements; c'est-à-
dire à ses lectures et à ses promenades. Il me fa-
vorisa même quelquefois de sa plus étroite confi-
dence, et me fit voir à fond son âme entière. Et
que n'y vis-je point! Quel trésor surprenant de
probité et de justice! Quel fond inépuisable de
piété et de zèle! Bien que sa vertu jetât un fort
grand éclat au-dehors, c'était tout autre chose au-
dedans; et on voyait bien qu'il avait soin d'en
tempérer les rayons, pour ne pas blesser les yeux
d'un siècle aussi corrompu que le nôtre. Je fus
sincèrement épris de tant de qualités admirables;
et s'il eut beaucoup de bonne volonté pour moi,
j'eus aussi pour lui une très-forte attache. Les
soins que je lui rendis ne furent mêlés d'aucune
raison d'intérêt mercenaire; et je songeai bien
plus à profiter de sa conversation que de son cré-
dit. Il mourut dans le temps que cette amitié était

en son plus haut point, et le souvenir de sa perte m'afflige encore tous les jours. Pourquoi faut-il que des hommes si dignes de vivre soient sitôt enlevés du monde, tandis que des misérables et des gens de rien arrivent à une extrême vieillesse ! Je ne m'étendrai pas davantage sur un sujet si triste : car je sens bien que si je continuais à en parler, je ne pourrais m'empêcher de mouiller peut-être de larmes la préface d'un ouvrage de pure plaisanterie.

ARGUMENT.

Le trésorier remplit la première dignité du chapitre, dont il est ici parlé, et il officie avec toutes les marques de l'épiscopat. Le chantre remplit la seconde dignité. Il y avait autrefois dans le chœur, à la place de celui-ci, un énorme pupitre ou lutrin, qui le couvrait presque tout entier. Il le fit ôter. Le trésorier voulut le faire remettre. De là arriva une dispute, qui fait le sujet de ce poême.

LE LUTRIN,

POÉME HÉROÏ-COMIQUE.

CHANT PREMIER.

Je chante les combats, et ce prélat terrible
Qui, par ses longs travaux et sa force invincible,
Dans une illustre église exerçant son grand cœur,
Fit placer à la fin un lutrin dans le chœur.
C'est en vain que le chantre, abusant d'un faux titre,
Deux fois l'en fit ôter par les mains du chapitre :
Ce prélat, sur le banc de son rival altier
Deux fois, le reportant, l'en couvrit tout entier.
Muse, redis-moi donc quelle ardeur de vengeance
De ces hommes sacrés rompit l'intelligence,
Et troubla si long-temps deux célèbres rivaux.
Tant de fiel entre-t-il dans l'âme des dévots !
Et toi, fameux héros (1), dont la sage entremise
De ce schisme naissant débarrassa l'Eglise,
Viens d'un regard heureux animer mon projet,
Et garde-toi de rire en ce grave sujet.
Parmi les doux plaisirs d'une paix fraternelle
Paris voyait fleurir son antique chapelle :
Ses chanoines vermeils et brillants de santé
S'engraissaient d'une longue et sainte oisiveté ;
Sans sortir de leurs lits, plus doux que leurs her-
        mines,
Ces pieux fainéants faisaient chanter matines,

---

(1) M. le premier président de Lamoignon.

1*

Veillaient à bien dîner, et laissaient en leur lieu
A des chantres gagés le soin de louer Dieu :
Quand la Discorde, encor toute noire de crimes,
Sortant des Cordeliers pour aller aux Minimes (1),
Avec cet air hideux qui fait frémir la paix,
S'arrêta près d'un arbre, au pied de son palais.
Là, d'un œil attentif contemplant son empire,
A l'aspect du tumulte elle-même s'admire.
Elle y voit par le coche et d'Evreux et du Mans
Accourir à grands flots ses fidèles Normands :
Elle y voit aborder le marquis, la comtesse,
Le bourgeois, le manant, le clergé, la noblesse,
Et partout des plaideurs les escadrons épars
Faire autour de Thémis flotter ses étendards.
Mais une église seule, à ses yeux immobile,
Garde au sein du tumulte une assiette tranquille :
Elle seule la brave ; elle seule au procès
De ses paisibles murs veut défendre l'accès.
La Discorde, à l'aspect d'un calme qui l'offense,
Fait siffler ses serpents, s'excite à la vengeance :
Sa bouche se remplit d'un poison odieux,
Et de longs traits de feu lui sortent par les yeux.
   Quoi ! dit-elle d'un ton qui fit trembler les vitres,
J'aurai pu jusqu'ici brouiller tous les chapitres,
Diviser Cordeliers, Carmes et Célestins ;
J'aurai fait soutenir un siége aux Augustins :
Et cette église seule, à mes ordres rebelle,
Nourrira dans son sein une paix éternelle !
Suis-je donc la Discorde ? et, parmi les mortels,
Qui voudra désormais encenser mes autels (2) ?
   A ces mots, d'un bonnet couvrant sa tête énorme,

---

(1) Il y eut de grandes brouilleries dans ces deux
couvents, à l'occasion de quelques supérieurs qu'on
y voulait élire.
(2) Virgile, Enéide, liv. I, v. 82.

Elle prend d'un vieux chantre et la taille et la forme :
Elle peint de bourgeons son visage guerrier,
Et s'en va de ce pas trouver le trésorier.
   Dans le réduit obscur d'une alcove enfoncée
S'élève un lit de plume à grands frais amassée :
Quatre rideaux pompeux, par un double contour,
En défendent l'entrée à la clarté du jour.
Là, parmi les douceurs d'un tranquille silence,
Règne sur le duvet une heureuse indolence :
C'est là que le prélat, muni d'un déjeûner,
Dormant d'un léger somme, attendait le dîner.
La jeunesse en sa fleur brille sur son visage :
Son menton sur son sein descend à double étage ;
Et son corps ramassé dans sa courte grosseur
Fait gémir les coussins sous sa molle épaisseur.
   La déesse en entrant, qui voit la nappe mise,
Admire un si bel ordre, et reconnaît l'Eglise ;
Et, marchant à grands pas vers le lieu du repos,
Au prélat sommeillant elle adresse ces mots :
   Tu dors, Prélat, tu dors, et là-haut à ta place
Le chantre aux yeux du chœur étale son audace,
Chante les OREMUS, fait des processions,
Et répand à grands flots les bénédictions.
Tu dors ! Attends-tu donc que, sans bulle et sans
      titre,
Il te ravisse encor le rochet et la mitre ?
Sors de ce lit oiseux qui te tient attaché,
Et renonce au repos, ou bien à l'évêché.
   Elle dit, et, du vent de sa bouche profane,
Lui souffle avec ces mots l'ardeur de la chicane.
Le prélat se réveille, et, plein d'émotion,
Lui donne toutefois la bénédiction.
   Tel qu'on voit un taureau qu'une guêpe en furie
A piqué dans les flancs aux dépens de sa vie ;
Le superbe animal, agité de tourments,
Exhale sa douleur en longs mugissements :

Tel le fougueux prélat, que ce songe épouvante,
Querelle en se levant et laquais et servante :
Et, d'un juste courroux rallumant sa vigueur,
Même avant le dîner, parle d'aller au chœur.
Le prudent Gilotin, son aumônier fidèle,
En vain par ses conseils sagement le rappelle ;
Lui montre le péril ; que midi va sonner ;
Qu'il va faire, s'il sort, refroidir le dîner.
   Quelle fureur, dit-il, quel aveugle caprice,
Quand le dîner est prêt, vous appelle à l'office ?
De votre dignité soutenez mieux l'éclat :
Est-ce pour travailler que vous êtes prélat ?
A quoi bon ce dégoût et ce zèle inutile ?
Est-il donc pour jeûner quatre-temps ou vigile ?
Reprenez vos esprits, et souvenez-vous bien
Qu'un dîner réchauffé ne valut jamais rien.
   Ainsi dit Gilotin ; et ce ministre sage
Sur table, au même instant, fait servir le potage.
Le prélat voit la soupe, et, plein d'un saint respect,
Demeure quelque temps muet à cet aspect.
Il cède, il dîne enfin : mais, toujours plus farouche,
Les morceaux trophatés se pressent dans sa bouche.
Gilotin en gémit, et sortant de fureur,
Chez tous ses partisans va semer la terreur.
On voit courir chez lui leurs troupes éperdues,
Comme l'on voit marcher les bataillons de grues (1),
Quand le Pygmée altier, redoublant ses efforts,
De l'Hèbre (2) ou du Strymon (3) vient d'occuper
      les bords.
A l'aspect imprévu de leur foule agréable,
Le prélat radouci veut se lever de table :
La couleur lui renaît, sa voix change de ton ;

(1) Homère, Iliade, liv. III, v. 6.
(2) Fleuve du Thrace.
(3) Fleuve de l'ancienne Thrace.

Il fait par Gilotin rapporter un jambon.
Lui-même le premier, pour honorer la troupe,
D'un vin pur et vermeil il fait remplir sa coupe;
Il l'avale d'un trait : et, chacun l'imitant,
La cruche au large ventre est vide en un instant.
Sitôt que du nectar la troupe est abreuvée,
On dessert : et soudain, la nappe étant levée,
Le prélat, d'une voix conforme à son malheur,
Leur confie en ces mots sa trop juste douleur :
    Illustres compagnons de mes longues fatigues,
Qui m'avez soutenu par vos pieuses ligues,
Et par qui, maître enfin d'un chapitre insensé,
Seul à MAGNIFICAT je me vois encensé;
Souffrirez-vous toujours qu'un orgueilleux m'ou-
    trage;
Que le chantre à vos yeux détruise votre ouvrage,
Usurpe tous mes droits, et, s'égalant à moi,
Donne à votre lutrin et le ton et la loi?
Ce matin même encor, ce n'est point un mensonge,
Une divinité me l'a fait voir en songe;
L'insolent, s'emparant du fruit de mes travaux,
A prononcé pour moi le BENEDICAT VOS!
Oui, pour mieux m'égorger, il prend mes propres
    armes.
    Le prélat à ces mots verse un torrent de larmes.
Il veut, mais vainement, poursuivre son discours;
Ses sanglots redoublés en arrêtent le cours.
Le zélé Gilotin, qui prend part à sa gloire,
Pour lui rendre la voix fait rapporter à boire :
Quand Sidrac, à qui l'âge alonge le chemin,
Arrive dans la chambre un bâton à la main.
Ce vieillard dans le chœur a déjà vu quatre âges :
Il sait de tous les temps les différents usages :
Et son rare savoir, de simple marguillier (1),

(1) C'est celui qui a soin des reliques.

L'éleva par degrés au rang de chevecier (1).
A l'aspect du prélat qui tombe en défaillance,
Il devine son mal, il se ride, il s'avance;
Et d'un ton paternel réprimant ses douleurs:
    Laisse au chantre, dit-il, la tristesse et les pleurs,
Prélat; et, pour sauver tes droits et ton empire,
Ecoute seulement ce que le ciel m'inspire.
Vers cet endroit du chœur où le chantre orgueil-
    leux
Montre, assis à ta gauche, un front si sourcilleux,
Sur ce rang d'ais serrés qui forment sa clôture
Fut jadis un lutrin d'inégale structure;
Dont les flancs élargis de leur vaste contour
Ombragaient pleinement tous les lieux d'alentour.
Derrière ce lutrin, ainsi qu'au fond d'un antre,
A peine sur son banc on discernait le chantre:
Tandis qu'à l'autre banc le prélat radieux,
Découvert au grand jour, attirait tous les yeux.
Mais un démon, fatal à cette ample machine,
Soit qu'une main la nuit eût hâté sa ruine,
Soit qu'ainsi de tout temps l'ordonnât le destin,
Fit tomber à nos yeux le pupitre un matin.
J'eus beau prendre le ciel et le chantre à partie,
Il fallut l'emporter dans notre sacristie,
Où depuis trente hivers, sans gloire enseveli,
Il languit tout poudreux dans un honteux oubli.
Entends-moi donc, prélat. Dès que l'ombre tran-
    quille
Viendra d'un crêpe noir envelopper la ville,
Il faut que trois de nous, sans tumulte et sans bruit,
Partent à la faveur de la naissante nuit,
Et, du lutrin rompu réunissant la masse,
Aillent d'un zèle adroit le remettre en sa place.
Si le chantre demain ose le renverser,

_____

(1) C'est celui qui a soin des chapes et de la cire.

Alors de cent arrêts tu le peux terrasser.
Pour soutenir tes droits, que le ciel autorise,
Abîme tout plutôt; c'est l'esprit de l'Eglise:
C'est par-là qu'un prélat signale sa vigueur.
Ne borne pas ta gloire à prier dans un chœur :
Ces vertus dans Aleth peuvent être en usage ;
Mais dans Paris, plaidons; c'est la notre partage.
Tes bénédictions dans le trouble croissant,
Tu pourras les répandre et par vingt et par cent;
Et, pour braver le chantre en son orgueil extrême,
Les répandre à ses yeux, et le bénir lui-même.
    Ce discours aussitôt frappe tous les esprits;
Et le prélat charmé l'approuve par des cris.
Il veut que, sur-le-champ, dans la troupe on choi-
    sisse
Les trois que Dieu destine à ce pieux office :
Mais chacun prétend part à cet illustre emploi.
Le sort, dit le prélat, vous servira de loi (1).
Que l'on tire au billet ceux que l'on doit élire.
Il dit, on obéit, on se presse d'écrire.
Aussitôt trente noms, sur le papier tracés,
Sont au fond d'un bonnet par billets entassés.
Pour tirer ces billets avec moins d'artifice,
Guillaume, enfant de chœur, prête sa main novice :
Son front nouveau tondu, symbole de candeur,
Rougit, en approchant, d'une honnête pudeur.
Cependant le prélat, l'œil au ciel, la main nue,
Bénit trois fois les noms, et trois fois les remue.
Il tourne le bonnet : l'enfant tire ; et Boutin
Est le premier des noms qu'apporte le destin.
Le prélat en conçoit un favorable augure,
Et ce nom dans la troupe excite un doux murmure.
On se tait ; et bientôt on voit paraître au jour

---

(1) Homère, Iliade, liv. VII, v. 171.

Le nom, le fameux nom du perruquier l'Amour(1).
Ce nouvel Adonis, à la blonde crinière,
Est l'unique souci d'Anne, sa perruquière :
Ils s'adorent l'un l'autre ; et ce couple charmant
S'unit long-temps, dit-on, avant le sacrement :
Mais, depuis trois moissons, à leur saint assemblage
L'official a joint le nom de mariage.
Ce perruquier superbe est l'effroi du quartier,
Et son courage est peint sur son visage altier.
Un des noms reste encore, et le prélat par grâce
Une dernière fois les brouille et les ressasse.
Chacun croit que son nom est le dernier des trois
Mais que ne dis-tu point, ô puissant porte-croix,
Boirude, sacristain, cher appui de ton maître,
Lorsqu'aux yeux du prélat tu vis ton nom paraître !
On dit que ton front jaune, et ton teint sans couleur,
Perdit en ce moment son antique pâleur ;
Et que ton corps goutteux, plein d'une ardeur
    guerrière,
Pour sauter au plancher fit deux pas en arrière.
Chacun bénit tout haut l'arbitre des humains,
Qui remet leur bon droit en de si bonnes mains.
Aussitôt on se lève ; et l'assemblée en foule,
Avec un bruit confus, par les portes s'écoule.
Le prélat resté seul calme un peu son dépit,
Et jusques au souper se couche et s'assoupit.

---

(1) Molière a peint le caractère de cet homme dans
son *Médecin malgré lui*, à la fin de la première scène,
sur ce que M. Despréaux lui en avait dit.

CHANT SECOND.

Cependant cet oiseau qui prône les merveilles (1)
Ce monstre composé de bouches et d'oreilles,
Qui, sans cesse volant de climats en climats,
Dit partout ce qu'il sait et ce qu'il ne sait pas;
La renommée enfin, cette prompte courrière,
Va d'un mortel effroi glacer la perruquière;
Lui dit que son époux, d'un faux zèle conduit,
Pour placer un lutrin doit veiller cette nuit.

A ce triste récit, tremblante, désolée,
Elle accourt, l'œil en feu, la tête échevelée,
Et trop sûr d'un mal qu'on pense lui celer :
Oses-tu bien encor, traître, dissimuler (2) ?
Dit-elle : et ni la foi que la main m'a donnée,
Ni nos embrassements qu'a suivis l'hyménée,
Ni ton épouse enfin toute prête à périr,
Ne sauraient donc t'ôter cette ardeur de courir !
Perfide ! si du moins, à ton devoir fidèle,
Tu veillais pour orner quelque tête nouvelle !
L'espoir d'un juste gain, consolant ma langueur,
Pourrait de ton absence adoucir la longueur.
Mais quel zèle indiscret, quelle aveugle entreprise
Arme aujourd'hui ton bras en faveur d'une église ?
Où vas-tu, cher époux? est-ce que tu me fuis?
As-tu donc oublié tant de si douces nuits?
Quoi! d'un œil sans pitié vois-tu couler mes larmes?
Au nom de nos baisers jadis si pleins de charmes?
Si mon cœur, de tout temps facile à tes désirs,
N'a jamais d'un moment différé tes plaisirs;
Si, pour te prodiguer mes plus tendres caresses,

(1) Enéide, liv. IV, v. 173.
(2) Enéide, liv. IV, v. 305.

Je n'ai point exigé ni serments, ni promesses ;
Si toi seul à mon lit enfin eus toujours part ;
Diffère au moins d'un jour ce funeste départ.

  En achevant ces mots, cette amante enflammée
Sur un placet voisin tombe demi-pâmée,
Son époux s'en émeut, et son cœur éperdu
Entre deux passions demeure suspendu ;
Mais enfin rappelant son audace première :
  Ma femme, lui dit-il d'une voix douce et fière,
Je ne veux point nier les solides bienfaits
Dont ton amour prodigue a comblé mes souhaits,
Et le Rhin de ses flots ira grossir la Loire
Avant que tes faveurs sortent de ma mémoire.
Mais ne présume pas qu'en te donnant ma foi
L'hymen m'ait pour jamais asservi sous ta loi.
Si le ciel en mes mains eût mis ma destinée,
Nous aurions fui tous deux le joug de l'hyménée ;
Et, sans nous opposer ces devoirs prétendus,
Nous goûterions encor des plaisirs défendus.
Cesse donc à mes yeux d'étaler un vain titre :
Ne m'ôte pas l'honneur d'élever un pupitre ;
Et toi-même, donnant un frein à tes désirs,
Raffermis ma vertu qu'ébranlent tes soupirs.
Que te dirai-je enfin ? c'est le ciel qui m'appelle.
Une église, un prélat m'engage en sa querelle.
Il faut partir : j'y cours. Dissipe tes douleurs,
Et ne me trouble plus par ces indignes pleurs.

  Il la quitte à ces mots. Son amante effarée
Demeure le teint pâle, et la vue égarée :
La force l'abandonne ; et sa bouche, trois fois
Voulant le rappeler, ne trouve plus de voix.
Elle fuit, et, de pleurs inondant son visage,
Seule pour s'enfermer vole au cinquième étage.
Mais, d'un bouge prochain accourant à ce bruit,
Sa servante Alizon la rattrape et la suit.

  Les ombres cependant, sur la ville épandues,

Du faîte des maisons descendent dans les rues (1),
Le souper hors du chœur chasse les chapelains,
Et de chantres buvants les cabarets sont pleins.
Le redouté Brontin, que son devoir éveille,
Sort à l'instant chargé d'une triple bouteille
D'un vin dont Gilotin, qui savait tout prévoir,
Au sortir du conseil eut soin de le pourvoir.
L'odeur d'un jus si doux lui rend le faix moins rude.
Il est bientôt suivi du sacristain Boirude;
Et tous deux, de ce pas, s'en vont avec chaleur
Du trop lent perruquier réveiller la valeur.
Partons, lui dit Brontin : déjà le jour plus sombre,
Dans les eaux s'éteignant, va faire place à l'ombre.
D'où vient ce noir chagrin que je lis dans tes yeux?
Quoi! le pardon sonnant te retrouve en ces lieux!
Où donc est ce grand cœur dont tantôt l'allégresse
Semblait du jour trop long accuser la paresse?
Marche, et suis-nous du moins où l'honneur nous
    attend.
  Le perruquier honteux rougit en l'écoutant.
Aussitôt de longs clous il prend une poignée :
Sur son épaule il charge une lourde cognée;
Et derrière son dos, qui tremble sous le poids,
Il attache une scie en forme de carquois :
Il sort au même instant, il se met à leur tête.
A suivre ce grand chef l'un et l'autre s'apprête :
Leur cœur semble allumé d'un zèle tout nouveau;
Brontin tient un maillet, et Boirude un marteau.
La lune, qui du ciel voit leur démarche altière,
Retire en leur faveur sa paisible lumière.
La Discorde en sourit, et, les suivant des yeux,
De joie, en les voyant, pousse un cri dans les cieux.
L'air, qui gémit du cri de l'horrible déesse,
Va jusques dans Cîteaux réveiller la Mollesse.

(1) Virgile, églog. I, v. 83.

C'est là qu'en un dortoir elle fait son séjour :
Les Plaisirs nonchalants folâtrent à l'entour ;
L'un pétrit dans un coin l'embonpoint des chanoi-
    nes ;
L'autre broie en riant le vermillon des moinës :
La Volupté la sert avec des yeux dévots,
Et toujours le Sommeil lui verse des pavots.
Ce soir, plus que jamais, en vain il les redouble.
La Mollesse à ce bruit se réveille, se trouble :
Quand la Nuit, qui déjà va tout envelopper,
D'un funeste récit vient encor la frapper ;
Lui conte du prélat l'entreprise nouvelle :
Aux pieds des murs sacrés d'un sainte chapelle,
Elle a vu trois guerriers, ennemis de la paix,
Marcher à la faveur de ses voiles épais :
La Discorde en ces lieux menace de s'accroître :
Demain avec l'aurore un lutrin va paraître,
Qui doit y soulever un peuple de mutins.
Ainsi le ciel l'écrit au livre des destins.
    A ce triste discours, qu'un long soupir achève,
La Mollesse, en pleurant, sur un bras se relève,
Ouvre un œil languissant, et, d'une faible voix,
Laisse tomber ces mots qu'elle interrompt vingt fois :
O Nuit ! que m'as-tu dit ? quel démon sur la terre
Souffle dans tous les cœurs la fatigue et la guerre ?
Hélas ! qu'est devenu ce temps, cet heureux temps,
Où les rois s'honoraient du nom de fainéants,
S'endormaient sur le trône, et, me servant sans
    honte,
Laissaient leur sceptre aux mains ou d'un maire ou
    d'un comte !
Aucun soin n'approchait de leur paisible cour :
On reposait la nuit, on dormait tout le jour.
Seulement au printemps, quand Flore dans les plai-
    nes
Faisait taire des vents les bruyantes haleines,
Quatre bœufs attelés, d'un pas tranquille et lent,

Promenaient dans Paris le monarque indolent.
Ce doux siècle n'est plus. Le siècle impitoyable
A placé sur leur trône un prince infatigable.
Il brave mes douceurs, il est sourd à ma voix :
Tous les jours il m'éveille au bruit de ses exploits.
Rien ne peut arrêter sa vigilante audace :
L'été n'a point de feux, l'hiver n'a point de glace :
J'entends à son seul nom tous mes sujets frémir.
En vain deux fois la paix a voulu l'endormir ;
Loin de moi son courage, entraîné par la gloire,
Ne se plaît qu'à courir de victoire en victoire.
Je me fatiguais à te tracer le cours
Des outrages cruels qu'il me fait tous les jours.
Je croyais, loin des lieux d'où ce prince m'exile,
Que l'Église du moins m'assurait un asyle.
Mais en vain j'espérais y régner sans effroi :
Moines, abbés, prieurs, tout s'arme contre moi.
Par mon exil honteux la Trappe (1) est ennoblie ;
J'ai vu dans Saint-Denis la réforme établie ;
Le Carme, le Feuillant, s'endurcit aux travaux ;
Et la règle déjà se remet dans Clairvaux.
Citeaux dormait encore, et la sainte Chapelle
Conservait du vieux temps l'oisiveté fidèle :
Et voici qu'un lutrin, prêt à tout renverser,
D'un séjour si chéri vient encor me chasser !
O toi, de mon repos compagne aimable et sombre,
A de si noirs forfaits prêteras-tu ton ombre ?
Ah ! Nuit, si tant de fois, dans les bras de l'amour,
Je t'admis aux plaisirs que je cachais au jour,
Du moins ne permets pas... La Mollesse oppressée
Dans sa bouche à ce mot sent sa langue glacée ;
Et, lasse de parler, succombant sous l'effort,
Soupire, étend les bras, ferme l'œil, et s'endort.

---

(1) Abbaye de saint Bernard, dans laquelle l'abbé
Armand Bouthillier de Rancé a mis la réforme.

CHANT TROISIÈME.

Mais la Nuit aussitôt de ses ailes affreuses
Couvre des Bourguignons les campagnes vineuses,
Revole vers Paris, et, hâtant son retour,
Déjà de Mont-Lhéri voit la fameuse tour (1).
Ses murs, dont le sommet se dérobe à la vue,
Sur la cime d'une roc s'alongent dans la nue,
Et, présentant de loin leur objet ennuyeux,
Du passant qui le fuit semblent suivre les yeux.
Mille oiseaux effrayants, mille corbeaux funèbres,
De ces murs déserts habitent les ténèbres.
Là, depuis trente hivers, un hibou retiré
Trouvait contre le jour un refuge assuré.
Des désastres fameux ce messager fidèle
Sait toujours des malheurs la première nouvelle,
Et tout prêt d'en semer le présage odieux,
Il attendait la Nuit dans ces sauvages lieux.
Aux cris qu'à son abord vers le ciel il envoie,
Il rend tous ses voisins attristés de sa joie.
La plaintive Progné de douleur en frémit ;
Et, dans les bois prochains, Philomèle en gémit.
Suis-moi, lui dit la Nuit. L'oiseau plein d'allégresse
Reconnaît à ce ton la voix de sa maîtresse.
Il la suit : et tous deux, d'un cours précipité,
De Paris à l'instant abordent la cité ;
Là, s'élançant d'un vol que le vent favorise,
Ils montent au sommet de la fatale église.
La Nuit baisse la vue, et, du haut du clocher,
Observe les guerriers, les regarde marcher.

---

(1) Tour très-haute, à cinq lieues de Paris, sur le
chemin d'Orléans.

Elle voit le barbier qui, d'une main légère,
Tient un verre de vin qui rit dans la fougère ;
Et chacun, tour-à-tour s'inondant de ce jus,
Célèbre, en buvant, Gilotin et Bacchus.
Ils triomphent, dit-elle, et leur âme abusée
Se promet dans mon ombre une victoire aisée :
Mais allons ; il est temps qu'ils connaissent la Nuit.
A ces mots, regardant le hibou qui la suit,
Elle perce les murs de la voûte sacrée ;
Jusqu'en la sacristie elle s'ouvre une entrée,
Et, dans le ventre creux du pupitre fatal,
Va placer de ce pas le sinistre animal.
　　Mais les trois champions, pleins de vin et d'au-
　　dace,
Du palais cependant passent la grande place ;
Et, suivant de Bacchus les auspices sacrés,
De l'auguste chapelle ils montent les degrés.
Ils atteignaient déjà le superbe portique
Où Ribou le libraire, au fond de sa boutique,
Sous vingt fidèles clefs, garde et tient en dépôt
L'amas toujours entier des écrits de Haynaut :
Quand Boirude, qui voit que le péril approche,
Les arrête, et, tirant un fusil de sa poche,
Des veines d'un caillou (1), qu'il frappe au même
　　instant,
Il fait jaillir un feu qui pétille en sortant ;
Et bientôt, au brasier d'une mèche enflammée,
Montre, à l'aide du soufre, une cire allumée.
Cet astre tremblotant, dont le jour les conduit,
Est pour eux un soleil au milieu de la nuit.
Le temple à sa faveur est ouvert par Boirude :
Ils passent de la nef la vaste solitude,
Et dans la sacristie entrant, non sans terreur,
En percent jusqu'au fond la ténébreuse horreur.

___

(1) Virg. Géorg. liv. I, v. 135 ; et Enéide, liv. I, v. 178.

C'est là que du lutrin gît la machine énorme :
La troupe quelque temps en admire la forme :
Mais le barbier, qui tient les moments précieux :
Ce spectacle n'est pas pour amuser nos yeux,
Dit-il : le temps est cher, portons-le dans le temple ;
C'est là demain qu'il faut qu'un prélat le contemple.
Et d'un bras, à ces mots, qui peut tout ébranler,
Lui-même, en se courbant, s'apprête à le rouler.
Mais à peine il y touche (1), ô prodige incroyable !
Que du pupitre sort une voix effroyable.
Brontin en est ému ; le sacristain pâlit ;
Le perruquier commence à regretter son lit.
Dans son hardi projet toutefois il s'obstine ;
Lorsque des flancs poudreux de la vaste machine
L'oiseau sort en courroux, et, d'un cri menaçant,
Achève d'étonner le barbier frémissant :
De ses ailes dans l'air secouant la poussière,
Dans la main de Boirude il éteint la lumière.
Les guerriers à ce coup demeurent confondus ;
Ils regagnent la nef, de frayeur éperdus :
Sous leurs corps tremblotants leurs genoux s'af-
　　faiblissent,
D'une subite horreur leurs cheveux se hérissent ;
Et bientôt, au travers des ombres de la nuit,
Le timide escadron se dissipe et s'enfuit.
　Ainsi lorsqu'en un coin, qui leur tient lieu d'asyle,
D'écoliers libertins une troupe indocile,
Loin des yeux d'un préfet au travail assidu,
Va tenir quelquefois un brelan défendu :
Si du veillant Argus la figure effrayante,
Dans l'ardeur du plaisir à leurs yeux se présente,
Le jeu cesse à l'instant, l'asyle est déserté,
Et tout fuit à grands pas le tyran redouté.
La Discorde, qui voit leur honteuse disgrâce,

_____

(1) Enéide, liv. III, v. 39.

Dans les airs cependant tonne, éclate, menace,
Et, malgré la frayeur dont les cœurs sont glacés,
S'apprête à réunir ses soldats dispersés.
Aussitôt de Sidrac elle emprunte l'image :
Elle ride son front, alonge son visage,
Sur un bâton noueux laisse courber son corps,
Dont la chicane semble animer les ressorts ;
Prend un cierge en sa main, et, d'une voix cassée,
Vient ainsi gourmander la troupe terrassée :

Lâches, où fuyez-vous ? quelle peur vous abat ?
Aux cris d'un vil oiseau vous cédez sans combat !
Où sont ces beaux discours jadis si pleins d'audace ?
Craignez-vous d'un hibou l'impuissante grimace ?
Que feriez-vous, hélas ! si quelque exploit nouveau
Chaque jour, comme moi, vous traînait au barreau ;
S'il fallait, sans amis, briguant une audience,
D'un magistrat glacé soutenir la présence,
Ou, d'un nouveau procès hardi solliciteur,
Aborder sans argent un clerc de rapporteur ?
Croyez-moi, mes enfants, je vous parle à bon ti-
        tre :
J'ai moi seul autrefois plaidé tout un chapitre ;
Et le barreau n'a point de monstres si hagards,
Dont mon œil n'ait cent fois soutenu les regards.
Tous les jours sans trembler j'assiégeais leurs pas-
        sages.
L'église était alors fertile en grands courages :
Le moindre d'entre nous, sans argent, sans appui,
Eût plaidé le prélat, et le chantre avec lui.
Le monde, de qui l'âge avance les ruines,
Ne peut plus enfanter de ces âmes divines (1) :
Mais que vos cœurs, du moins, imitant leurs vertus,
De l'aspect d'un hibou ne soient pas abattus.

_____

(1) Iliade, liv. I, Discours de Nestor.

2.   2

Songez quel déshonneur va souiller votre gloire,
Quand le chantre demain entendra sa victoire.
Vous verrez tous les jours le chanoine insolent,
Au seul mot de hibou, vous sourire en parlant.
Votre âme, à ce penser, de colère murmure :
Allez donc de ce pas en prévenir l'injure ;
Méritez les lauriers qui vous sont réservés,
Et ressouvenez-vous quel prélat vous servez.
Mais déjà la fureur dans vos yeux étincelle :
Marchez, courez, volez où l'honneur vous appelle.
Que le prélat surpris d'un changement si prompt,
Apprenne la vengeance aussitôt que l'affront.

En achevant ces mots, la déesse guerrière
De son pied trace en l'air un sillon de lumière ;
Rend aux trois champions leur intrépidité,
Et les laisse tout pleins de sa divinité.

C'est ainsi, grand Condé, qu'en ce combat cé-
lèbre (1)
Où ton bras fit trembler le Rhin, l'Escaut et l'Ebre,
Lorsqu'aux plaines de Lens nos bataillons poussés
Furent presque à tes yeux ouverts et renversés,
Ta valeur arrêtant les troupes fugitives,
Rallia d'un regard leurs cohortes craintives ;
Répandit dans leurs rangs ton esprit belliqueux,
Et força la victoire à te suivre avec eux.

La colère à l'instant succédant à la crainte,
Ils rallument le feu de leur bougie éteinte :
Ils rentrent ; l'oiseau sort : l'escadron raffermi
Rit du honteux départ d'un si faible ennemi.
Aussitôt dans le chœur la machine emportée
Est sur le banc du chantre à grand bruit remontée.
Ses ais demi-pourris, que l'âge a relâchés,
Sont à coups de maillet unis et rapprochés.

----

(1) En 1646.

Souslescoups redoublés tous les bancs retentissent;
Les murs en sont émus, les voûtes en mugissent,
Et l'orgue même en pousse un long gémissement.
  Que fais-tu, chantre, hélas! dans ce triste
    moment?
Tu dors d'un profond somme; et ton cœur sans
    alarmes
Ne sait pas qu'on bâtit l'instrument de tes larmes!
Oh! que si quelque bruit, par un heureux réveil,
T'annonçait du lutrin le funeste appareil;
Avant que de souffrir qu'on en posât la masse,
Tu viendrais en apôtre expirer dans ta place;
Et, martyr glorieux d'un point d'honneur nouveau,
Offrir ton corps aux clous et ta tête au marteau.
  Mais déjà sur ton banc la machine enclavée
Est, durant ton sommeil, à ta honte élevée.
Le sacristain achève en deux coups de rabot;
Et le pupitre enfin tourne sur son pivot.

CHANT QUATRIÈME.

Les cloches, dans les airs de leurs voix argentines,
Appelaient à grand bruit les chantres à matines;
Quand leur chef (1) agité d'un sommeil effrayant,
Encor tout en sueur, se réveille en criant.
Aux élans redoublés de sa voix douloureuse,
Tous ses valets tremblants quittent la plume oi-
    seuse.
Le vigilant Girot court à lui le premier.
C'est d'un maître si saint le plus digne officier;
La porte dans le chœur à sa garde est commise :
Valet souple au logis, fier huissier à l'église.

    Quel chagrin, lui dit-il, trouble votre sommeil?
Quoi! voulez-vous au chœur prévenir le soleil?
Ah! dormez, et laissez à des chantres vulgaires
Le soin d'aller sitôt mériter leurs salaires.

    Ami, lui dit le chantre encor pâle d'horreur,
N'insulte point, de grâce, à ma juste terreur :
Mêle plutôt ici tes soupirs à mes plaintes,
Et tremble en écoutant le sujet de mes craintes.
Pour la seconde fois un sommeil gracieux
Avait sous ses pavots appesanti mes yeux :
Quand, l'esprit enivré d'une douce fumée,
J'ai cru remplir au chœur ma place accoutumée.
Là, triomphant aux yeux des chantres impuissants,
Je bénissais le peuple, et j'avalais l'encens :
Lorsque du fond caché de notre sacristie
Une épaisse nuée à longs flots est sortie,
Qui, s'ouvrant à mes yeux, dans son bleuâtre éclat
M'a fait voir un serpent conduit par le prélat.
Du corps de ce dragon, plein de soufre et de nitre,
Une tête sortait en forme de pupitre,

---

(1) Le chantre.

Dont le triangle affreux, tout hérissé de crins,
Surpassait en grosseur nos plus épais lutrins.
Animé par son guide, en sifflant il s'avance :
Contre moi sur un banc je le vois qui s'élance.
J'ai crié, mais en vain : et, fuyant sa fureur,
Je me suis réveillé plein de trouble et d'horreur.
   Le chantre, s'arrêtant à cet endroit funeste,
A ses yeux effrayés laisse dire le reste.
Girot en vain l'assure, et, riant de sa peur,
Nomme sa vision l'effet d'une vapeur :
Le désolé vieillard, qui hait la raillerie,
Lui défend de parler, sort du lit en furie.
On apporte à l'instant ses somptueux habits,
Où sur l'ouate molle éclate le tabis.
D'une longue soutane il endosse la moire,
Prend ses gants violets, les marques de sa gloire ;
Et saisit, en pleurant, ce rochet qu'autrefois
Le prélat trop jaloux lui rogna de trois doigts.
Aussitôt, d'un bonnet ornant sa tête grise,
Déjà l'aumuce en main il marche vers l'église ;
Et, hâtant de ses ans l'importune langueur,
Court, vole, et, le premier, arrive dans le chœur.
   O toi qui, sur ces bords qu'une eau dormante
     mouille,
Vis combattre autrefois le rat et la grenouille (1) ;
Qui, par les traits hardis d'un bizarre pinceau,
Mis l'Italie en feu pour la perte d'un seau (2) ;
Muse, prête à ma bouche une voix plus sauvage,
Pour chanter le dépit, la colère, la rage,
Que le chantre sentit allumer dans son sang
A l'aspect du pupitre élevé sur son banc.
D'abord pâle et muet, de colère immobile,

---

(1) Homère a fait le poême de la Guerre des rats et
des grenouilles.
(2) *La Secchia rapita*, poême italien.

2*

A force de douleur, il demeura tranquille :
Mais sa voix s'échappant au travers des sanglots
Dans sa bouche à la fin fit passage à ces mots :
La voilà donc, Girot, cette hydre épouvantable
Que m'a fait voir un songe, hélas! trop véritable!
Je le vois ce dragon tout prêt à m'égorger,
Ce pupitre fatal qui me doit ombrager!
Prélat, que t'ai-je fait? quelle rage envieuse
Rend pour me tourmenter ton âme ingénieuse?
Quoi! même dans ton lit, cruel, entre deux draps,
Ta profane fureur ne se repose pas!
O ciel! quoi! sur mon banc une honteuse masse
Désormais me va faire un cachot de ma place!
Inconnu dans l'église, ignoré dans ce lieu,
Je ne pourrai donc plus être vu que de Dieu!
Ah! plutôt qu'un moment cet affront m'obscurcisse,
Renonçons à l'autel, abandonnons l'office;
Et, sans lasser le ciel par des chants superflus,
Ne voyons plus un chœur où l'on ne vous voit plus.
Sortons.... Mais cependant mon ennemi tranquille
Jouira sur son banc de ma rage inutile,
Et verra dans le chœur le pupitre exhaussé
Tourner sur le pivot où sa main l'a placé!
Non, s'il n'est abattu, je ne saurais plus vivre.
A moi, Girot, je veux que mon bras m'en délivre.
Périssons, s'il le faut : mais de ses ais brisés
Entraînons, en mourant, les restes divisés.
  A ces mots, d'une main par la rage affermie,
Il saisissait déjà la machine ennemie,
Lorsqu'en ce sacré lieu, par un heureux hasard,
Entrent Jean le choriste, et le sonneur Girard,
Deux Manseaux renommés, en qui l'expérience
Pour les procès est jointe à la vaste science.
L'un et l'autre aussitôt prend part à son affront.
Toutefois condamnant un mouvement trop prompt,
Du lutrin, disent-ils, abattons la machine :

Mais ne nous chargeons pas tout seuls de sa ruine ;
Et que tantôt, aux yeux du chapitre assemblé,
Il soit sous trente mains en plein jour accablé.
   Ces mots des mains du chantre arrachent le pu-
     pitre.
- J'y consens, leur dit-il; assemblons le chapitre.
Allez donc de ce pas, par de saints hurlements,
Vous-mêmes appeler les chanoines dormants.
Partez. Mais ce discours les surprend et les glace.
Nous! qu'en ce vain projet, pleins d'une folle audace,
Nous allions, dit Girard, la nuit nous engager !
De notre complaisance osez-vous l'exiger ?
Hé ! seigneur ! quand nos cris pourraient, du fond
    des rues,
De leurs appartements percer les avenues,
Réveiller ces valets autour d'eux étendus,
De leur sacré repos ministres assidus,
Et pénétrer des lits au bruit inaccessibles;
Pensez-vous, au moment que les ombres paisibles,
A ces lits enchanteurs ont su les attacher,
Que la voix d'un mortel les en puisse arracher ?
Deux chantres feront-ils, dans l'ardeur de vous
    plaire,
Ce que depuis trente ans six cloches n'ont pu faire?
   Ah! je vois bien où tend tout ce discours trompeur,
Reprend le chaud vieillard: le prélat vous fait peur.
Je vous ai vu cent fois, sous sa main bénissante,
Courber servilement une épaule tremblante.
Hé bien! allez; sous lui fléchissez les genoux:
Je saurai réveiller les chanoines sans vous.
Viens, Girot, seul ami qui me reste fidèle:
Prenons du saint jeudi la bruyante crecelle (1).
Suis-moi. Qu'à son lever le soleil aujourd'hui
Trouve tout le chapitre éveillé devant lui.

(1) Instrument dont on se sert le jeudi saint au lieu
de cloches.

Il dit. Du fond poudreux d'une armoire sacrée
Par les mains de Girot la crecelle est tirée.
Ils sortent à l'instant, et, par d'heureux efforts,
Du lugubre instrument font crier les ressorts.
Pour augmenter l'effroi, la Discorde infernale
Monte dans le palais, entre dans la grand'salle,
Et, du fond de cet antre, au travers de la nuit,
Fait sortir le démon du tumulte et du bruit.
Le quartier alarmé n'a plus d'yeux qui someillent;
Déjà de toutes parts les chanoines s'éveillent:
L'un croit que le tonnerre est tombé sur les toits,
Et que l'église brûle une seconde fois (1);
L'autre, encore agité de vapeurs plus funèbres,
Pense être au jeudi saint, croit que l'on dit ténèbres,
Et déjà tout confus, tenant midi sonné,
En soi-même frémit de n'avoir point dîné.
Ainsi, lorsque tout prêt à briser cent murailles
Louis, la foudre en main, abandonnant Versailles,
Au retour du soleil et des zéphyrs nouveaux,
Fait dans les champs de Mars déployer ses dra-
    peaux;
Au seul bruit répandu de sa marche étonnante,
Le Danube s'émeut, le Tage s'épouvante,
Bruxelle attend le coup qui la doit foudroyer,
Et le Batave encore est prêt à se noyer.
Mais en vain dans leurs lits un juste effroi les presse:
Aucun ne laisse encor la plume enchanteresse.
Pour les en arracher Girot s'inquiétant
Va crier qu'au chapitre un repas les attend.
Ce mot dans tous les cœurs répand la vigilance:
Tout s'ébranle, tout sort, tout marche en diligence.
Ils courent au chapitre, et chacun se pressant
Flatte d'un doux espoir son appétit naissant.
Mais, ô d'un déjeûner vaine et frivole attente!
A peine ils sont assis, que, d'une voix dolente,

___

(1) Le toit de la sainte Chapelle fut brûlé en 1618.

Le chantre désolé, lamentant son malheur,
Fait mourir l'appétit et naître la douleur.
Le seul chanoine Evrard, d'abstinence incapable,
Ose encor proposer qu'on apporte la table.
Mais il a beau presser, aucun ne lui répond :
Quand, le premier rompant ce silence profond,
Alain tousse, et se lève ; Alain, ce savant homme,
Qui de Bauny vingt fois a lu toute la somme,
Qui possède Abéli, qui sait tout Raconis,
Et même entend, dit-on, le latin d'A-Kempis.

N'en doutez point, leur dit ce savant canoniste,
Ce coup part, j'en suis sûr, d'une main janséniste.
Mes yeux en sont témoins : j'ai vu moi-même hier
Entrer chez le prélat le chapelain Garnier.
Arnauld, cet hérétique ardent à nous détruire,
Par ce ministre adroit tente de le séduire :
Sans doute il aura lu dans son saint Augustin ;
Qu'autrefois saint Louis ériga ce lutrin ;
Il va nous inonder des torrents de sa plume.
Il faut, pour lui répondre, ouvrir plus d'un volume.
Consultons sur ce point quelque auteur signalé,
Voyons si des lutrins Bauny n'a point parlé :
Etudions enfin, il en est temps encore ;
Et, pour ce grand projet, tantôt dès que l'aurore
Rallumera le jour dans l'onde enseveli,
Que chacun prenne en main le moelleux Abéli (1).

Ce conseil imprévu de nouveau les étonne :
Surtout le gras Evrard d'épouvante en frissonne.
Moi, dit-il, qu'à mon âge, écolier tout nouveau,
J'aille pour un lutrin me troubler le cerveau !
O le plaisant conseil ! Non, non, songeons à vivre :
Va maigrir, si tu veux, et sécher sur un livre.
Pour moi je lis la bible autant que l'alcoran :

(1) Fameux auteur, qui a fait la *Moelle théologique*
(*Medulla theologica*).

Je sais ce qu'un fermier nous doit rendre par an ;
Sur quelle vigne à Reims nous avons hypothèque:
Vingt muids rangés chez moi font ma bibliothèque.
En plaçant un pupitre on croit nous rabaisser :
Mon bras seul sans latin saura le renverser.
Que m'importe qu'Arnauld me condamne ou
　　　m'approuve ?
J'abats ce qui me nuit partout où je le trouve :
C'est là mon sentiment. A quoi bon tant d'apprêts ?
Du reste déjeunons, messieurs, et buvons frais.
Ce discours, que soutient l'embonpoint du visage,
Rétablit l'appétit, réchauffe le courage :
Mais le chantre surtout en paraît rassuré.
Oui, dit-il, le pupitre a déjà trop duré.
Allons sur sa ruine assurer ma vengeance :
Donnons à ce grand œuvre, une heure d'absti-
　　　nence ;
Et qu'au retour tantôt un ample déjeûner
Long-temps nous tienne à table, et s'unisse au dîner.
　　　Aussitôt il se lève, et la troupe fidèle
Par ces mots attirants sent redoubler son zèle.
Ils marchent droit au chœur d'un pas audacieux,
Et bientôt le lutrin se fait voir à leurs yeux.
A ce terrible objet aucun d'eux ne consulte,
Sur l'ennemi commun ils fondent en tumulte,
Ils sapent le pivot, qui se défend en vain ;
Chacun sur lui d'un coup veut honorer sa main.
Enfin sous tant d'efforts la machine succombe,
Et son corps entr'ouvert chancèle, éclate, et tombe:
Tel sur les monts glacés des farouches Gelons (1)
Tombe un chêne battu des voisins aquilons ;
Ou tel, abandonné de ses poutres usées,
Fond enfin un vieux toit sous ses tuiles brisées.
La masse est emportée, et ses ais arrachés
Sont aux yeux des mortels chez le chantre cachés.

_____

(1) Peuples de Sarmatie, voisins du Borysthène.

CHANT CINQUIÈME.

L'AURORE cependant, d'un juste effroi troublée,
Des chanoines levés voit la troupe assemblée,
Et contemple long-temps, avec des yeux confus,
Ces visages fleuris qu'elle n'a jamais vus.
Chez Sidrac aussitôt Brontin d'un pied fidèle
Du pupitre abattu va porter la nouvelle.
Le vieillard de ses soins bénit l'heureux succès,
Et sur un bois détruit bâtit mille procès.
L'espoir d'un doux tumulte échauffant son courage,
Il ne sent plus le poids ni les glaces de l'âge ;
Et chez le trésorier, de ce pas, à grand bruit,
Vient étaler au jour les crimes de la nuit.
   Au récit imprévu de l'horrible insolence,
Le prélat hors du lit impétueux s'élance.
Vainement d'un breuvage à deux mains apporté
Gilotin avant tout le veut voir humecté :
Il veut partir à jeun. Il se peigne, il s'apprête ;
L'ivoire trop hâté deux fois rompt sur sa tête,
Et deux fois de sa main le buis tombe en morceaux :
Tel Hercule filant rompait tous les fuseaux.
Il sort demi-paré. Mais déjà sur sa porte
Il voit des saints guerriers une ardente cohorte,
Qui tous, remplis pour lui d'une égale vigueur,
Sont prêts, pour le servir, à déserter le chœur.
Mais le vieillard condamne un projet inutile.
Nos destins, sont, dit-il, écrits chez la Sibylle :
Son antre n'est pas loin ; allons la consulter,
Et subissons la loi qu'elle nous va dicter.
Il dit : à ce conseil, où la raison domine,
Sur ces pas au barreau la troupe s'achemine,
Et bientôt, dans le temple, entend, non sans frémir,
De l'antre redouté les soupiraux gémir,

Entre ces vieux appuis dont l'affreuse grand'salle
Soutient l'énorme poids de sa voûte infernale,
Est un pillier fameux (1), des plaideurs respecté,
Et toujours de Normands à midi fréquenté.
Là, sur des tas poudreux de sacs et de pratique,
Hurle tous les matins une Sibylle étique :
On l'appelle Chicane ; et ce monstre odieux
Jamais pour l'équité n'eut d'oreille ni d'yeux.
La Disette au teint blême, et la triste Famine,
Les Chagrins dévorants, et l'infâme Ruine,
Enfants infortunés de ses raffinements,
Troublent l'air d'alentour de longs gémissements.
Sans cesse feuilletant les lois et la coutume ;
Pour consumer autrui le monstre se consume ;
Et, dévorant maisons, palais, châteaux entiers,
Rend pour des monceaux d'or de vains tas de pa-
     piers.
Sous le coupable effort de sa noire insolence,
Thémis a vu cent fois chanceler sa balance.
Incessamment il va de détour en détour :
Comme un hibou, souvent il se dérobe au jour :
Tantôt, les yeux en feu, c'est un lion superbe ;
Tantôt, humble serpent, il se glisse sous l'herbe.
En vain, pour le dompter le plus juste des rois
Fit régler le chaos des ténébreuses lois :
Ses griffes, vainement par Pussort (2) accourcies,
Se ralongent déjà, toujours d'encre noircies ;
Et ses ruses, perçant et digues et remparts,
Par cent brèches déjà rentrent de toutes parts.
   Le vieillard humblement l'aborde et le salue ;
Et faisant, avant tout, briller l'or à sa vue :
Reine des longs procès, dit-il, dont le savoir

---

(1) Le pilier des consultations.
(2) M. Pussort, conseiller d'état, est celui qui a le
plus contribué à faire le code.

Rend la force inutile et les lois sans pouvoir,
Toi, pour qui dans le Mans le laboureur moissonne,
Pour qui naissent à Caen tous les fruits de l'au-
tomne :
Si, dès mes premiers ans, heurtant tous les mortels,
L'encre a toujours coulé pour moi sur tes autels,
Daigne encor me connaître en ma saison dernière.
D'un prélat qui t'implore exauce la prière.
Un rival orgueilleux, de sa gloire offensé,
A détruit le lutrin par nos mains redressé.
Epuise en sa faveur la science fatale :
Du digeste et du code ouvre-nous le dédale ;
Et montre-nous cet art, connu de tes amis,
Qui, dans ses propres lois, embarrasse Thémis.

La Sibylle, à ces mots, déjà hors d'elle-même,
Fait lire sa fureur sur son visage blême,
Et, pleine du démon qui la vient oppresser,
Par ces mots étonnants tâche à le repousser :

Chantres, ne craignez plus une audace insensée.
Je vois, je vois au chœur la masse replacée :
Mais il faut des combats. Tel est l'arrêt du sort.
Et surtout évitez un dangereux accord.

Là bornant son discours, encor tout écumante,
Elle souffle aux guerriers l'esprit qui la tourmente ;
Et dans leurs cœurs brûlants de la soif de plaider
Verse l'amour de nuire, et la peur de céder.

Pour tracer à loisir une longue requête,
A retourner chez soi leur brigade s'apprête.
Sous leurs pas diligents le chemin disparaît,
Et le pillier, loin d'eux, déjà baisse et décroît.

Loin du bruit cependant les chanoines à table
Immolent trente mets à leur faim indomptable.
Leur appétit fougueux, par l'objet excité,
Parcourt tous les recoins d'un monstrueux pâté ;
Par le sel irritant la soif est allumée :
Lorsque d'un pied léger la prompte Renommée,

2.   3

Semant partout l'effroi, vient au chantre éperdu
Conter l'affreux détail de l'oracle rendu.
Il se lève, enflammé de muscat et de bile,
Et prétend à son tour consulter la Sibylle.
Evrard a beau gémir du repas déserté,
Lui-même est au barreau par le nombre emporté.
Par les détours étroits d'une barrière oblique,
Ils gagnent les degrés, et le perron antique
Où sans cesse, étalant bons et méchants écrits,
Barbin vend aux passants des auteurs à tout prix(1).
    Là le chantre à grand bruit arrive et se fait place,
Dans le fatal instant que, d'une égale audace,
Le prélat et sa troupe, à pas tumultueux,
Descendaient du palais l'escalier tortueux.
L'un et l'autre rival, s'arrêtant au passage,
Se mesure des yeux, s'observe, s'envisage;
Une égale fureur anime leurs esprits:
Tels deux fougueux taureaux (2), de jalousie épris,
Auprès d'une génisse au front large et superbe
Oubliant tous les jours le pâturage et l'herbe,
A l'aspect l'un de l'autre embrasés, furieux,
Déjà le front baissé, se menacent des yeux.
Mais Evrard, en passant, coudoyé par Boirude,
Ne sait point contenir son aigre inquiétude :
Il entre chez Barbin, et, d'un bras irrité,
Saisissant du Cyrus un volume écarté,
Il lance au sacristain le tome épouvantable.
Boirude fuit le coup : le volume effroyable
Lui rase le visage, et, droit dans l'estomac,
Va frapper en sifflant l'infortuné Sidrac.
Le vieillard, accablé de l'horrible Artamène,
Tombe aux pieds du prélat, sans pouls et sans ha-
    leine.

_____

(1) Barbin se piquait de savoir vendre des livres
quoique méchants.
   (2) Virgile, Géorg. liv. III, v. 218.

Sa troupe le croit mort, et chacun empressé
Se croit frappé du coup dont il le voit blessé.
Aussitôt contre Evrard vingt champions s'élan-
    cent;
Pour soutenir leur choc les chanoines s'avancent.
La Discorde triomphe, et du combat fatal
Par un cri donne en l'air l'effroyable signal.
    Chez le libraire absent tout entre, tout se mêle :
Les livres sur Evrard fondent comme la grêle
Qui, dans un grand jardin, à coups impétueux,
Abat l'honneur naissant des rameaux fructueux.
Chacun s'arme au hasard du livre qu'il rencontre :
L'un tient l'Edit d'amour, l'autre en saisit la Mon-
    tre (1);
L'un prend le seul Jonas qu'on ait vu relié;
L'autre un Tasse français (2), en naissant oublié.
L'élève de Barbin, commis à la boutique,
Veut en vain s'opposer à leur fureur gothique;
Les volumes, sans choix à la tête jetés,
Sur le perron poudreux volent de tous côtés :
Là, près d'un Guarini, Térence tombe à terre ;
Là, Xénophon dans l'air heurte contre un La Serre.
Oh! que d'écrits obscurs, de livres ignorés,
Furent en ce grand jour de la poudre tirés!
Vous en fûtes tirés, Almerinde et Simandre :
Et toi, rebut du peuple, inconnu Caloandre (3),
Dans ton repos, dit-on, saisi par Gaillerbois,
Tu vis le jour alors pour la première fois.
Chaque coup sur la chair laisse une meurtrissure :
Déjà plus d'un guerrier se plaint d'une blessure.
D'un Le Vayer épais Giraut est renversé :
Marineau, d'un Brébeuf à l'épaule blessé,

(1) De Bonnecorse.
(2) Traduction de Le Clerc.
(3) Roman italien, traduit de Scuderi.

En sent partout le bras une douleur amère,
Et maudit la Pharsale aux provinces si chère.
D'un Pinchêne in-quarto Dodillon étourdi
A long-temps le teint pâle et le cœur affadi.
Au plus fort du combat le chapelain Garagne,
Vers le sommet du front atteint d'un Charlemagne,
(Des vers de ce poëme effet prodigieux!)
Tout prêt à s'endormir, baille, et ferme les yeux.
A plus d'un combattant la Clélie est fatale :
Giraut dix fois par elle éclate et se signale.
Mais tout cède aux efforts du chanoine Fabri.
Ce guerrier, dans l'église aux querelles nourri,
Est robuste de corps, terrible de visage,
Et de l'eau dans son vin n'a jamais su l'usage.
Il terrasse lui seul et Guibert et Grasset,
Et Gorillon la basse, et Grandin le fausset,
Et Gerbais l'agréable, et Guérin l'insipide.
    Des chantres désormais la brigade timide
S'écarte, et du palais regagne les chemins.
Telle, à l'aspect d'un loup, terreur des champs
        voisins,
Fuit d'agneaux effrayés une troupe bêlante :
Ou tels devant Achille, aux campagnes du Xanthe,
Les Troyens se sauvaient à l'abri de leurs tours.
Quand Brontin à Boirude adresse ce discours :
    Illustre porte-croix, par qui notre bannière
N'a jamais en marchant fait un pas en arrière,
Un chanoine lui seul triomphant du prélat
Du rochet à nos yeux ternira-t-il l'éclat?
Non, non : pour te couvrir de sa main redouta-
        ble (1),
Accepte de mon corps l'épaisseur favorable.
Viens, et, sous ce rempart, à ce guerrier hautain

_____

(1) Iliade, liv. VIII, v. 267.

Fais voler ce Quinault qui me reste à la main.
A ces mots, il lui tend le doux et tendre ouvrage.
Le sacristain, bouillant de zèle et de courage,
Le prend, se cache, approche, et, droit entre les
    yeux,
Frappe du noble écrit l'athlète audacieux.
Mais c'est pour l'ébranler une faible tempête,
Le livre sans vigueur mollit contre sa tête.
Le chanoine les voit de colère embrasé :
Attendez, leur dit-il, couple lâche et rusé,
Et jugez si ma main, aux grands exploits novice,
Lance à mes ennemis un livre qui mollisse.
A ces mots il saisit un vieil Infortiat (1).
Grossi des visions d'Accurse et d'Alciat,
Inutile ramas de gothique écriture,
Dont quatre ais mal unis formaient la couverture,
Entourée à demi d'un vieux parchemin noir,
Où pendait à trois clous un reste de fermoir.
Sur l'ais qui le soutient auprès d'un Avicenne (2),
Deux des plus forts mortels l'ébranleraient à peine :
Le chanoine pourtant l'enlève sans effort,
Et, sur le couple pâle et déjà demi-mort,
Fait tomber à deux mains l'effroyable tonnerre.
Les guerriers de ce coup vont mesurer la terre,
Et, du bois et des clous meurtris et déchirés,
Long-temps, loin du perron, roulent sur les degrés.
   Au spectacle étonnant de leur chûte imprévue,
Le prélat pousse un cri qui pénètre la nue.
Il maudit dans son cœur le démon des combats,
Et de l'horreur du coup il recule six pas.
Mais bientôt, rappelant son antique prouesse,
Il tire du manteau sa dextre vengeresse;
Il part, et, de ses doigts saintement alongés,

---

(1) Livre de droit d'une grosseur énorme.
(2) Auteur arabe.

Bénit tous les passants, en deux files rangés.
Il sait que l'ennemi, que ce coup va surprendre,
Désormais sur ses pieds ne l'oserait attendre,
Et déjà voit pour lui tout le peuple en courroux
Crier aux combattants : Profanes, à genoux !
Le chantre, qui de loin voit approcher l'orage,
Dans son cœur éperdu cherche en vain du courage:
Sa fierté l'abandonne, il tremble, il cède, il fuit.
Le long des sacrés murs sa brigade le suit :
Tout s'écarte à l'instant; mais aucun n'en réchappe;
Partout le doigt vainqueur les suit et les rattrape.
Evrard seul, en un coin prudemment retiré,
Se croyait à couvert de l'insulte sacré :
Mais le prélat vers lui fait une marche adroite :
Il l'observe de l'œil ; et, tirant vers la droite,
Tout d'un coup tourne à gauche, et d'un bras for-
        tuné
Bénit subitement le guerrier consterné.
Le chanoine, surpris de la foudre mortelle,
Se dresse, et lève en vain une tête rebelle ;
Sur ses genoux tremblants il tombe à cet aspect,
Et donne à la frayeur ce qu'il doit au respect.
Dans le temple aussitôt le prélat plein de gloire
Va goûter les doux fruits de sa sainte victoire.
Et de leur vain projet les chanoines punis
S'en retournent chez eux, éperdus, et bénis.

CHANT SIXIÉME.

Tandis que tout conspire à la guerre sacrée,
La piété sincère, aux Alpes retirée (1),
Du fond de son désert entend les tristes cris
De ses sujets cachés dans les murs de Paris.
Elle quitte à l'instant sa retraite divine :
La Foi, d'un pas certain, devant elle chemine ;
L'Espérance au front gai l'appuie et la conduit ;
Et, la bourse à la main, la Charité la suit.
Vers Paris elle vole, et, d'une audace sainte,
Vient aux pieds de Thémis proférer cette plainte :
    Vierge, effroi des méchants, appui de mes autels,
Qui, la balance en main, règles tous les mortels,
Ne viendrai-je jamais en tes bras salutaires
Que pousser des soupirs et pleurer mes misères !
Ce n'est donc pas assez qu'au mépris de tes lois
L'Hypocrisie ait pris et mon nom et ma voix ;
Que, sous ce nom sacré, partout ses mains avares
Cherchent à me ravir crosses, mitres, tiares !
Faudra-t-il voir encor cent monstres furieux
Ravager mes états usurpés à tes yeux !
Dans les temps orageux de mon naissant empire,
Au sortir du baptême on courait au martyre.
Chacun, plein de mon nom, ne respirait que moi :
Le fidèle, attentif aux règles de sa loi,
Fuyant des vanités la dangereuse amorce,
Aux honneurs appelé, n'y montait que par force :
Ces cœurs, que les bourreaux ne faisaient point fré-
    mir,
A l'offre d'une mitre étaient prêts à gémir ;
Et, sans peur des travaux, sur mes traces divines

(1) La grande chartreuse est dans les Alpes.

Couraient chercher le ciel au travers des épines.
Mais, depuis que l'Eglise eut, aux yeux des mortels,
De son sang en tous lieux cimenté ses autels,
Le calme dangereux succédant aux orages,
Une lâche tiédeur s'empara des courages :
De leur zèle brûlant l'ardeur se ralentit ;
Sous le joug des péchés leur foi s'appesantit :
Le moine secoua le cilice et la haire,
Le chanoine indolent apprit à ne rien faire ;
Le prélat, par la brigue aux honneurs parvenu,
Ne sut plus qu'abuser d'un ample revenu,
Et pour toutes vertus fit, au dos d'un carrosse,
A côté d'une mitre armorier sa crosse.
L'Ambition partout chassa l'Humilité ;
Dans la crasse du froc logea la Vanité.
Alors de tous les cœurs l'union fut détruite.
Dans mes cloîtres sacrés la Discorde introduite,
Y bâtit de mon bien ses plus sûrs arsenaux ;
Traîna tous mes sujets au pied des tribunaux.
En vain à ses fureurs j'opposai mes prières ;
L'insolente à mes yeux marcha sous mes bannières.
Pour comble de misère, un tas de faux docteurs
Vint flatter les péchés de discours imposteurs ;
Infectant les esprits d'exécrables maximes,
Voulut faire à Dieu même approuver tous les cri-
        mes.
Une servile peur tint lieu de charité ;
Le besoin d'aimer Dieu passa pour nouveauté :
Et chacun à mes pieds, conservant sa malice,
N'apporta de vertu que l'aveu de son vice.
  Pour éviter l'affront de ces noirs attentats,
J'allai chercher le calme au séjour des frimas,
Sur ces monts entourés d'une éternelle glace
Où jamais au printemps les hivers n'ont fait place.
Mais, jusques dans la nuit de mes sacrés déserts,
Le bruit de mes malheurs fait retentir les airs.

Aujourd'hui même encore une voix trop fidèle
M'a d'un triste désastre apporté la nouvelle :
J'apprends que, dans ce temple où le plus saint (1)
   des rois
Consacra tout le fruit de ses pieux exploits,
Et signala pour moi sa pompeuse largesse,
L'implacable Discorde et l'infâme Mollesse,
Foulant aux pieds les lois, l'honneur et le devoir,
Usurpent en mon nom le souverain pouvoir.
Souffriras-tu, ma sœur, une action si noire ?
Quoi ! ce temple, à ta porte, élevé pour ma gloire,
Où jadis des humains j'attirais tous les vœux,
Sera de leurs combats le théâtre honteux !
Non, non, il faut enfin que ma vengeance éclate :
Assez et trop long-temps l'impunité les flatte.
Prends ton glaive, et, fondant sur ces audacieux,
Viens aux yeux des mortels justifier les cieux.

   Ainsi parle à sa sœur cette vierge enflammée :
La grâce est dans ses yeux d'un feu pur allumée.
Thémis sans différer lui promet son secours,
La flatte, la rassure, et lui tient ce discours :

   Chère et divine sœur, dont les mains secourables
Ont tant de fois séché les pleurs des misérables,
Pourquoi toi-même, en proie à tes vives douleurs,
Cherches-tu sans raison à grossir tes malheurs?
En vain de tes sujets l'ardeur est ralentie;
D'un ciment éternel ton Eglise est bâtie,
Et jamais de l'enfer les noirs frémissements
N'en sauraient ébranler les fermes fondements.
Au milieu des combats, des troubles, des querelles
Ton nom encor chéri vit au sein des fidèles.
Crois-moi, dans ce lieu même où l'on veut t'op-
   primer,

---

(1) Saint Louis, fondateur de la sainte Chappelle.

3*

Le trouble qui t'étonne est facile à calmer :
Et, pour y rappeler la paix tant désirée,
Je vais t'ouvrir, ma sœur, une route assurée.
Prête-moi donc l'oreille, et retiens tes soupirs.
   Vers ce temple fameux, si cher à tes désirs,
Où le ciel fut pour toi si prodigue en miracles,
Non loin de ce palais où je rends mes oracles,
Est un vaste séjour des mortels révéré,
Et de clients soumis à toute heure entouré.
Là, sous le faix pompeux de ma pourpre honorable,
Veille au soin de ma gloire un homme incompa-
      rable (1),
Ariste, dont le Ciel et Louis ont fait choix
Pour régler ma balance et dispenser mes lois.
Par lui dans le barreau sur mon trône affermie,
Je vois hurler en vain la chicane ennemie :
Par lui la vérité ne craint plus l'imposteur,
Et l'orphelin n'est plus dévoré du tuteur.
Mais pourquoi vainement t'en tracer l'image ?
Tu le connais assez ; Ariste est ton ouvrage.
C'est toi qui le formas dès ses plus jeunes ans :
Son mérite sans tache est un de tes présents.
Tes divines leçons, avec le lait sucées,
Allumèrent l'ardeur de ses nobles pensées.
Aussi son cœur, pour toi brûlant d'un si beau feu,
N'en fit point dans le monde un lâche désaveu;
Et son zèle hardi, toujours prêt à paraître,
N'alla point se cacher dans les ombres d'un cloître.
Va le trouver, ma sœur : à ton auguste nom,
Tout s'ouvrira d'abord en sa sainte maison.
Ton visage est connu de sa noble famille;
Tout y garde tes lois, enfants, sœur, femme, fille.
Tes yeux d'un seul regard sauront le pénétrer ;
Et, pour obtenir tout, tu n'as qu'à te montrer.

_____

(1) M. de Lamoignon, premier président.

Là s'arrête Thémis. La piété charmée
Sent renaître la joie en son âme calmée.
Elle court chez Aristo ; et s'offrant à ses yeux :
Que me sert, lui dit-elle, Ariste, qu'en tous lieux
Tu signales pour moi ton zèle et ton courage,
Si la discorde impie à ta porte m'outrage ?
Deux puissants ennemis, par elle envenimés,
Dans ces murs, autrefois, si saints, si renommés,
A mes sacrés autels font un profane insulte,
Remplissent tout d'effroi, de trouble et de tumulte.
De leur crime à leurs yeux va t'en peindre l'hor-
  reur :
Sauve moi, sauve-les de leur propre fureur.
 Elle sort à ces mots. Le héros en prière
Demeure tout couvert de feu et de lumière.
De la céleste fille il reconnaît l'éclat,
Et mande au même instant le chantre et le prélat.
 Muse, c'est à ce coup que mon esprit timide
Dans sa course élevée a besoin qu'on le guide,
Pour chanter par quels soins, par quels nobles
  travaux,
Un mortel sut fléchir ces superbes rivaux.
 Mais plutôt, toi qui fis ce merveilleux ouvrage,
Ariste, c'est à toi d'en instruire notre âge.
Seul tu peux révéler par quel art tout puissant
Tu rendis tout-à-coup le chantre obéissant.
Tu sais par quel conseil rassemblant le chapitre
Lui-même, de sa main, reporta le pupitre ;
Et comment le prélat, de ses respects content,
Le fit du banc fatal enlever à l'instant.
Parle donc : c'est à toi d'éclaircir ces merveilles.
Il me suffit pour moi d'avoir su, par mes veilles,
Jusqu'au sixième chant pousser ma fiction,
Et fait d'un vain pupitre un second Ilion.
Finissons. Aussi-bien, quelque ardeur qui m'inspire,
Quand je songe au héros qui me reste à décrire,

Qu'il faut parler de toi, mon esprit éperdu
Demeure sans parole, interdit confondu.

    Ariste, c'est ainsi qu'en ce sénat illustre
Où Thémis, par tes soins, reprend son premier
    lustre,
Quand, la première fois, un athlète nouveau
Vient combattre en champ clos aux joûtes du bar-
    reau ;
Souvent sans y penser ton auguste présence
Troublant par trop d'éclat sa timide éloquence,
Le nouveau Cicéron, tremblant, décoloré,
Cherche en vain son discours sur sa langue égaré :
En vain, pour gagner temps, dans ses transes af-
    freuses,
Traîne d'un dernier mot les syllabes honteuses ;
Il hésite, il bégaie ; et le triste orateur
Demeure enfin muet aux yeux du spectateur (1).

---

    (1) L'orateur demeurant muet, il n'y a plus d'au-
diteurs : il reste seulement des spectateurs.

FIN DU LUTRIN.

ODES,

ÉPIGRAMMES,

ET

POÉSIES DIVERSES.

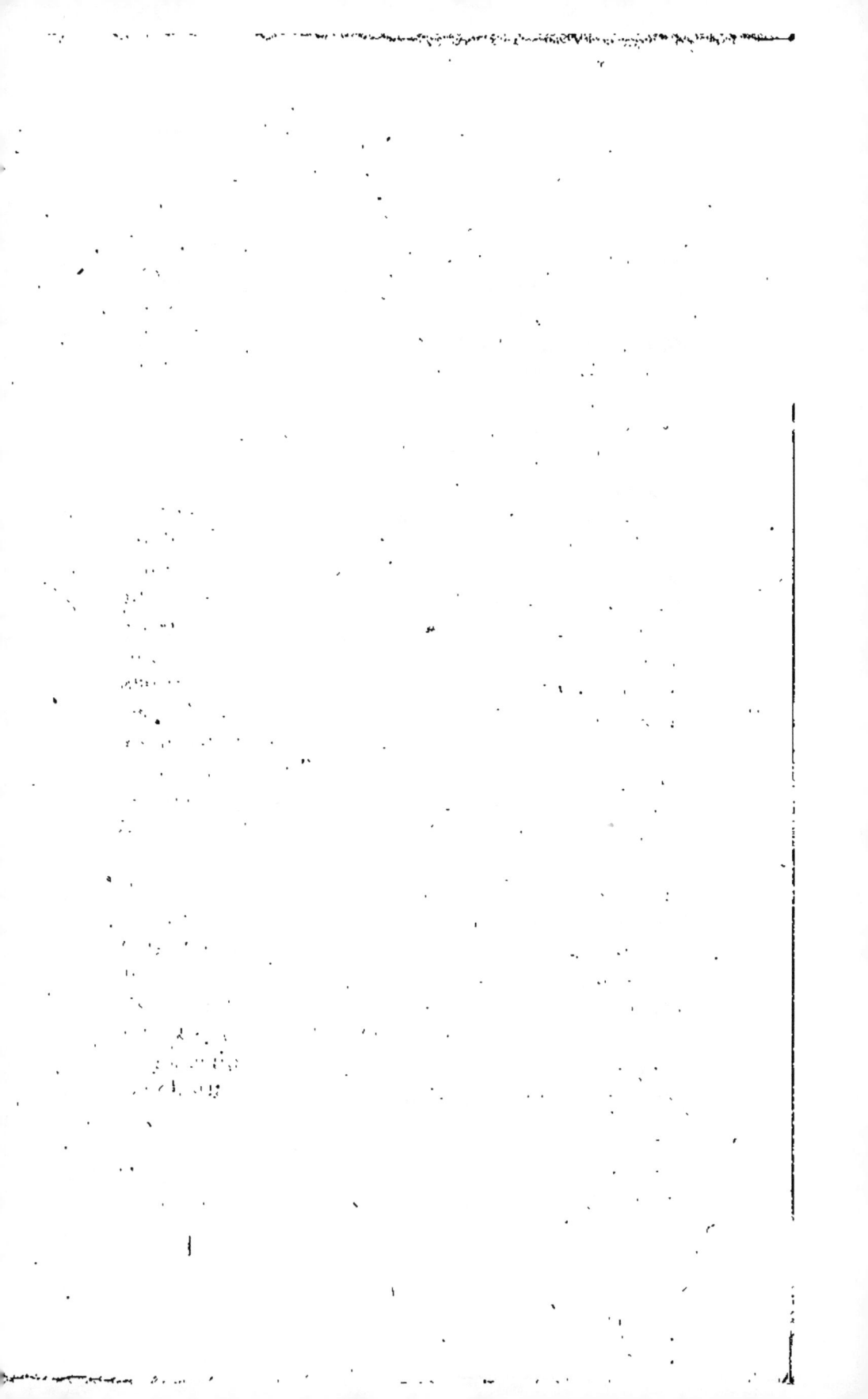

DISCOURS SUR L'ODE.

L'ODE suivante a été composée à l'occasion de ces étranges dialogues (1) qui ont paru depuis quelque temps, où tous les plus grands écrivains de l'antiquité sont traités d'esprits médiocres, de gens à être mis en parallèle avec les Chapelains et avec les Cotins, et où voulant faire honneur à notre siècle, on l'a en quelque sorte diffamé, en faisant voir qu'il s'y trouve des hommes capables d'écrire des choses si peu sensées. Pindare y est des plus maltraités. Comme les beautés de ce poëte sont extrêmement renfermées dans sa langue, l'auteur de ces dialogues, qui vraisemblablement ne sait point de grec, et qui n'a lu Pindare que dans des traductions latines assez défectueuses, a pris pour galimatias tout ce que la faiblesse de ses lumières ne lui permettait pas de comprendre. Il a surtout traité de ridicules ces endroits merveilleux où le poëte, pour marquer un esprit entièrement hors de soi, rompt quelquefois de dessein formé la suite de son discours; et afin de mieux entrer dans la raison, sort, s'il faut ainsi parler, de la raison même, évitant avec grand soin cet ordre méthodique et ces exactes liaisons de sens qui ôteraient l'âme à la poésie lyrique. Le censeur dont je parle n'a pas pris garde qu'en attaquant ces nobles hardiesses de Pindare il donnait lieu de croire qu'il n'a jamais conçu le sublime des psaumes de David, où, s'il est permis de parler de ces saints cantiques à propos de choses si profanes, il y a beaucoup de ces

---

(1) Parallèle des anciens et des modernes, en forme de dialogues.

sens rompus, qui servent même quelquefois à en
faire sentir la divinité. Ce critique, selon toutes
les apparences, n'est pas fort convaincu du précepte que j'ai avancé dans mon Art poétique, à
propos de l'ode :

> Son style impétueux souvent marche au hasard :
> Chez elle un beau désordre est un effet de l'art.

Ce précepte effectivement, qui donne pour règle de ne point garder quelquefois de règles, est
un mystère de l'art, qu'il n'est pas aisé de faire
entendre à un homme sans aucun goût, qui croit
que la Clélie et nos opéra sont les modèles du
genre sublime ; qui trouve Térence fade, Virgile
froid, Homère de mauvais sens, et qu'une espèce
de bizarrerie d'esprit rend insensible à tout ce
qui frappe ordinairement les hommes. Mais ce
n'est pas ici le lieu de lui montrer ses erreurs.
On le fera peut-être plus à propos un de ces jours
dans quelque autre ouvrage.

Pour revenir à Pindare, il ne serait pas difficile d'en faire sentir les beautés à des gens qui se
seraient un peu familiarisé le grec. Mais comme
cette langue est aujourd'hui assez ignorée de la
plupart des hommes, et qu'il n'est pas possible
de leur faire voir Pindare dans Pindare même,
j'ai cru que je ne pouvais mieux justifier ce grand
poëte, qu'en tâchant de faire une ode en français
à sa manière, c'est-à-dire pleine de mouvements
et de transports, où l'esprit parût plutôt entraîné
du démon de la poésie, que guidé par la raison.
C'est le but que je me suis proposé dans l'ode qu'on
va voir. J'ai pris pour sujet la prise de Namur,
comme la plus grande action de guerre qui se
soit faite de nos jours, et comme la matière la

plus propre à échauffer l'imagination d'un poète.
J'y ai jeté, autant que j'ai pu, la magnificence
des mots; et, à l'exemple des anciens poètes di-
thyrambiques, j'y ai employé les figures les plus
audacieuses, jusqu'à y faire un astre de la plume
blanche que le roi porte ordinairement à son cha-
peau, et qui est en effet comme une espèce de co-
mète fatale à nos ennemis, qui se jugent perdus
dès qu'ils l'aperçoivent. Voilà le dessein de cet
ouvrage. Je ne réponds pas d'y avoir réussi ; et
je ne sais si le public, accoutumé aux sages em-
portements de Malherbe, s'accommodera de ces
saillies et de ces excès pindariques. Mais, supposé
que j'y aie échoué, je m'en consolerai du moins
par le commencement de cette fameuse ode latine d'Horace, *Pindarum quisquis studet æmu-
lari, etc.*, où Horace donne assez à entendre que
s'il eût voulu lui-même s'élever à la hauteur de
Pindare, il se serait cru en grand hasard de tomber.

Au reste, comme, parmi les épigrammes qui
sont imprimées à la suite de cette ode, on trouvera encore une autre petite ode de ma façon,
que je n'avais point jusqu'ici insérée dans mes
écrits; je suis bien aise, pour ne me point brouiller avec les Anglais d'aujourd'hui, de faire ici
ressouvenir le lecteur que les Anglais que j'atta-
que dans ce petit poëme, qui est un ouvrage de
ma première jeunesse, ce sont les Anglais du
temps de Cromwel.

J'ai joint aussi à ces épigrammes un arrêt burlesque donné au Parnasse, que j'ai composé autrefois, afin de prévenir un arrêt très-sérieux,
que l'université songeait à obtenir du parlement,
contre ceux qui enseigneraient dans les écoles
de philosophie d'autres principes que ceux d'A-

ristote. La plaisanterie y descend un peu bas, et est toute dans les termes de la pratique. Mais il fallait qu'elle fût ainsi, pour faire son effet, qui fut très-heureux, et obligea, pour ainsi dire, l'université à supprimer la requête qu'elle allait présenter.

Ridiculum acri

Fortiùs ac meliùs magnas plerumque secat res.

ODES.

ODE
SUR LA PRISE DE NAMUR.

Quelle docte et sainte ivresse
Aujourd'hui me fait la loi?
Chastes nymphes du Permesse,
N'est-ce pas vous que je voi?
Accourez, troupe savante;
Des sons que ma lyre enfante
Ces arbres sont réjouis.
Marquez-en bien la cadence:
Et vous, vents, faites silence;
Je vais parler de Louis.

Dans ses chansons immortelles,
Comme un aigle audacieux,
Pindare, étendant ses ailes,
Fuit loin des vulgaires yeux.
Mais, ô ma fidèle lyre!
Si, dans l'ardeur qui m'inspire,
Tu peux suivre mes transports;
Les chênes des monts (1) de Thrace
N'ont rien ouï que n'efface
La douceur de tes accords.

Est-ce Apollon et Neptune
Qui, sur ces rocs sourcilleux

_____

(1) Hémus, Rhodope et Pangée.

Ont, compagnons de fortune (1),
Bâti ces murs orgueilleux?
De leur enceinte fameuse
La Sambre, unie à la Meuse,
Défend le fatal abord :
Et, par cent bouches horribles,
L'airain sur ces monts terribles
Vomit le fer et la mort.

Dix mille vaillants Alcides,
Les bordant de toutes parts,
D'éclairs au loin homicides
Font pétiller leurs remparts;
Et, dans son sein infidèle,
Partout la terre y recèle
Un feu prêt à s'élancer,
Qui, soudain perçant son gouffre,
Ouvre un sépulcre de soufre
A quiconque ose avancer.

Namur, devant tes murailles
Jadis la Grèce eût, vingt ans,
Sans fruit vu les funérailles
De ses plus fiers combattants.
Quelle effroyable puissance
Aujourd'hui pourtant s'avance,
Prête à foudroyer tes monts !
Quel bruit, quel feu l'environne!
C'est Jupiter en personne,
Ou c'est le vainqueur de Mons.

N'en doute point, c'est lui-même;
Tout brille en lui, tout est roi.
Dans Bruxelles Nassau blême

---

(1) Ils s'étaient loués à Laomédon pour rebâtir les murs de Troie.

Commence à trembler pour toi.
En vain il voit le Batave,
Désormais docile esclave,
Rangé sous ses étendards :
En vain au lion belgique
Il voit l'aigle germanique
Uni sous les léopards.

Plein de la frayeur nouvelle
Dont ses sens sont agités,
A son secours il appelle
Les peuples les plus vantés :
Ceux-là viennent du rivage
Où s'énorgueillit le Tage
De l'or qui roule en ses eaux ;
Ceux-ci, des champs où la neige
Des marais de la Norwège
Neuf mois couvre les roseaux.

Mais qui fait enfler la Sambre ?
Sous les Gémaux effrayés (1),
Des froids torrents de décembre
Les champs partout sont noyés.
Cérès s'enfuit éplorée
De voir en proie à Borée
Ses guérets d'épis chargés,
Et, sous les urnes fangeuses
Des Hyades orageuses,
Tous ses trésors submergés.

Déployez toutes vos rages,
Princes, vents, peuples, frimas ;
Ramassez tous vos nuages,
Rassemblez tous vos soldats :
Malgré vous, Namur en poudre

---

(1) Le siège se fit au mois de juin, et il tomba durant ce temps de furieuses pluies.

S'en va tomber sous la foudre
Qui dompta Lille, Courtray,
Gand la superbe Espagnole,
Saint-Omer, Besançon, Dole,
Ypres, Mastricht et Cambray.

Mes présages s'accomplissent :
Il commence à chanceler ;
Sous les coups qui retentissent
Ses murs s'en vont s'écrouler.
Mars en feu, qui les domine,
Souffle à grand bruit leur ruine ;
Et les bombes, dans les airs
Allant chercher le tonnerre,
Semblent, tombant sur la terre,
Vouloir s'ouvrir les enfers.

Accourez, Nassau, Bavière,
De ces murs l'unique espoir :
A couvert d'une rivière,
Venez, vous pouvez tout voir.
Considérez ces approches :
Voyez grimper sur ces roches
Ces athlètes belliqueux ;
Et dans les eaux, dans la flamme,
Louis, à tout donnant l'âme,
Marcher, courir avec eux.

Contemplez dans la tempête
Qui sort de ces boulevards
La plume (1) qui sur sa tête
Attire tous les regards.
A cet astre (2) redoutable

---

(1) Le roi porte toujours à l'armée une plume blanche.
(2) Homère, Iliade, liv. XIX, v. 381, dit que l'aigrette d'Achille étincelait comme un astre.

Toujours un sort favorable
S'attache dans les combats ;
Et toujours avec la gloire
Mars amenant la victoire
Vole , et le suit à grands pas.

Grands défenseurs de l'Espagne,
Montrez-vous, il en est temps.
Courage ! vers la Méhague (1)
Voilà vos drapeaux flottants.
Jamais ces ondes craintives
N'ont vu sur leurs faibles rives
Tant de guerriers s'amasser.
Courez donc ; qui vous retarde ?
Tout l'univers vous regarde :
N'osez-vous la traverser ?

Loin de fermer le passage
A vos nombreux bataillons,
Luxembourg a du rivage
Reculé ses pavillons.
Quoi ! leur seul aspect vous glace !
Où sont ces chefs pleins d'audace,
Jadis si prompts à marcher,
Qui devaient, de la Tamise
Et de la Drave (2) soumise ,
Jusqu'à Paris nous chercher ?

Cependant l'effroi redouble
Sur les remparts de Namur :
Son gouverneur, qui se trouble ,
S'enfuit sous son dernier mur.
Déjà jusques à ses portes

---

(1) Rivière près de Namur.
(2) Rivière qui passe à Belgrade en Hongrie.

Je vois monter nos cohortes
La flamme et le fer en main ;
Et sur les monceaux de piques,
De corps morts, de rocs, de briques ,
S'ouvrir un large chemin.

C'en est fait. Je viens d'entendre
Sur ces rochers éperdus
Battre un signal pour se rendre.
Le feu cesse : ils sont rendus.
Dépouillez votre arrogance,
Fiers ennemis de la France ;
Et, désormais gracieux,
Allez à Liége, à Bruxelles,
Porter les humbles nouvelles
De Namur pris à vos yeux.

Pour moi , que Phébus anime
De ses transports les plus doux,
Rempli de ce dieu sublime,
Je vais, plus hardi que vous,
Montrer que, sur le Parnasse,
Des bois fréquentés d'Horace
Ma muse dans son déclin
Sait encor les avenues,
Et des sources inconnues
A l'auteur du Saint-Paulin (1).

_____

(1) Poëme héroïque de M. Perrault.

ODE (1)

*Sur un bruit qui courut, en 1656, que Cromwel
et les Anglais allaient faire la guerre à la
France.*

Quoi ! ce peuple aveugle en son crime,
Qui, prenant son roi pour victime,
Fit du trône un théâtre affreux,
Pense-t-il que le ciel, complice
D'un si funeste sacrifice,
N'a pour lui ni foudre ni feux :

Déjà sa flotte à pleines voiles,
Malgré les vents et les étoiles,
Veut maîtriser tout l'univers,
Et croit que l'Europe étonnée
A son audace forcenée
Va céder l'empire des mers.

Arme-toi, France ; prends la foudre :
C'est à toi de réduire en poudre
Ces sanglants ennemis des lois.
Suis la victoire qui t'appelle,
Et va sur ce peuple rebelle
Venger la querelle des rois.

Jadis on vit ces parricides,
Aidés de nos soldats perfides,
Chez nous, au comble de l'orgueil,

---

(1) Je n'avais que dix-huit ans quand je fis cette
ode, mais je l'ai raccommodée.

2.   4.

Briser tes plus fortes murailles,
Et, par le gain de vingt batailles,
Mettre tous les peuples en deuil.

Mais bientôt le ciel en colère,
Par la main d'une humble bergère
Renversant tous leurs bataillons,
Borna leurs succès et nos peines :
Et leurs corps, pourris dans nos plaines,
N'ont fait qu'engraisser nos sillons.

ÉPIGRAMMES.

I. *A un médecin.*

Oui, j'ai dit dans mes vers qu'un célèbre assassin,
Laissant de Galien la science infertile,
D'ignorant médecin devint maçon habile :
Mais de parler de vous je n'eus jamais dessin.
     Perrault ; ma muse est trop correcte.
Vous êtes, je l'avoue, ignorant médecin,
     Mais non pas habile architecte.

II. *A M. Racine.*

   RACINE, plains ma destinée.
   C'est demain la triste journée
   Où le prophète Desmarets,
   Armé de cette même foudre
   Qui mit le Port-Royal en poudre,
   Va me percer de mille traits.
   C'en est fait, mon heure est venue.
   Non que ma muse, soutenue
   De tes judicieux avis,
   N'ait assez de quoi le confondre :
   Mais, cher ami, pour lui répondre,
   Hélas ! il faut lire Clovis (1) !

(1) Poëme de Desmarets, ennuyeux à la mort.

III. *Contre Saint-Sorlin.*

Dans le palais, hier Bilain
Voulait gagner contre Ménage
Qu'il était faux que Saint-Sorlin
Contre Arnauld eût fait un ouvrage.
Il en a fait, j'en sais le temps,
Dit un des plus fameux libraires.
Attendez...., C'est depuis vingt ans.
On en tira cent exemplaires.
C'est beaucoup ! dis-je en m'approchant,
La pièce n'est pas si publique.
Il faut compter, dit le marchand,
Tout est encor dans ma boutique.

IV. *A MM. Pradon et Bonnecorse, qui firent en même temps paraître contre moi chacun un volume d'injures.*

Venez, Pradon et Bonnecorse,
Grands écrivains de même force,
De vos vers recevoir le prix :
Venez prendre dans mes écrits
La place que vos noms demandent.
Linière et Perrin vous attendent.

V. *Sur une satire très-mauvaise que l'abbé Cotin avait faite, et qu'il faisait courir sous mon nom.*

En vain par mille et mille outrages
Mes ennemis, dans leurs ouvrages,
Ont cru me rendre affreux aux yeux de l'univers.
Cotin, pour décrier mon style,
A pris un chemin plus facile :
C'est de m'attribuer ses vers.

VI. *Contre le même.*

A QUOI bon tant d'efforts, de larmes et de cris,
Cotin, pour faire ôter ton nom de mes ouvrages?
Si tu veux du public éviter les outrages,
Fais effacer ton nom de tes propres écrits.

VII. *Contre un athée.*

ALIDOR, assis (1) dans sa chaise,
Médisant du ciel à son aise,
Peut bien médire aussi de moi.
Je ris de ses discours frivoles :
On sait fort bien que ses paroles
Ne sont pas articles de foi.

VIII. *Vers en style de Chapelain, pour mettre à la fin de son poéme de la* Pucelle.

MAUDIT soit l'auteur dur, dont l'âpre et rude verve,
Son cerveau tenaillant, rima malgré Minerve ;
Et, de son lourd marteau martelant le bon sens,
A fait de méchants vers douze fois douze cents (2) !

IX.

De six amants contents et non jaloux,
Qui tour-à-tour servaient madame Claude,
Le moins volage était Jean, son époux :
Un jour pourtant, d'humeur un peu trop chaude,
Serrait de près sa servante aux yeux doux,
Lorsqu'un des six lui dit : Que faites-vous?
Le jeu n'est sûr avec cette ribaude.
Ah! voulez-vous, Jean-Jean, nous gâter tous?

---

(1) Il était tellement goutteux qu'il ne pouvait marcher.
(2) La *Pucelle* a douze livres, chacun de douze cents vers.

4*

X. A Climène.

Tout me fait peine,
Et depuis un jour
Je crois, Climène,
Que j'ai de l'amour.
Cette nouvelle
Vous met en courroux.
Tout beau, cruelle :
Ce n'est pas pour vous.

XI. Épitaphe.

Ci gît, justement regretté,
Un savant homme sans science,
Un gentilhomme sans naissance,
Un très-bon homme sans bonté.

XII. Imitation de Martial.

Paul, ce grand médecin, l'effroi de son quartier,
Qui causa plus de maux que la peste et la guerre,
Est curé maintenant, et met les gens en terre.
Il n'a point changé de métier.

XIII. Sur une harangue d'un magistrat, dans laquelle les procureurs étaient fort maltraités.

Lorsque, dans ce sénat à qui tout rend hommage,
Vous haranguez en vieux langage,
Paul, j'aime à vous voir, en fureur,
Gronder maint et maint procureur;
Car leurs chicanes sans pareilles
Méritent bien ce traitement.
Mais que vous ont fait nos oreilles,
Pour les traiter si durement?

XIV. *Sur l'Agésilas de M. Corneille.*

J'AI vu l'Agésilas.
    Hélas!

XV. *Sur l'Attila du même auteur.*

APRÈS l'Agésilas,
    Hélas!
Mais après l'Attila,
    Hola.

XVI. *Sur la manière de réciter du poète*
Santeuil.

QUAND j'aperçois sous ce portique
Ce moine au regard fanatique,
Lisant ses vers audacieux,
Faits pour les habitants des cieux (1),
Ouvrir une bouche effroyable,
S'agiter, se tordre les mains;
Il me semble en lui voir le diable,
Que Dieu force à louer les Saints.

XVII. *Sur la Fontaine de Bourbon, où l'auteur*
était allé prendre les eaux, et où il trouva un
poète médiocre qui lui montra des vers de sa
façon.
    Il s'adresse à la Fontaine.

OUI, vous pouvez chasser l'humeur apoplectique,
Rendre le mouvement au corps paralytique,
Et guérir tous les maux les plus invétérés.
Mais quand je lis ces vers par votre onde inspirés,
    Il me paraît, admirable Fontaine,
Que vous n'eûtes jamais la vertu d'Hippocrène.

---

(1) Il a fait des hymnes latines à la louange des saints.

XVIII. *L'amateur d'horloges.*

Sans cesse autour de six pendules,
De deux montres, de trois cadrans,
Lubin, depuis trente et quatre ans,
Occupe ses soins ridicules.
Mais à ce métier, s'il vous plaît,
A-t-il acquis quelque science ?
Sans doute ; et c'est l'homme de France
Qui sait le mieux l'heure qu'il est.

XIX. *Sur ce qu'on avait lu à l'Académie des vers contre Homère et contre Virgile.*

Clio vint l'autre jour se plaindre au dieu de vers
  Qu'en certain lieu de l'univers
On traitait d'auteurs froids, de poètes stériles,
  Les Homères et les Virgiles.
Cela ne saurait être, on s'est moqué de vous,
  Reprit Apollon en courroux :
Où peut-on avoir dit une telle infamie ?
Est-ce chez les Hurons, chez les Topinambous ?
C'est à Paris. C'est donc dans l'hôpital des fous ?
  Non, c'est au Louvre, en pleine Académie.

XX. *Sur le même sujet.*

J'ai traité de Topinambous
  Tous ces beau censeurs, je l'avoue,
Qui, de l'antiquité si follement jaloux,
Aiment tout ce qu'on hait, blâment tout ce qu'on
  loue :
  Et l'Académie, entre nous,
  Souffrant chez soi de si grands fous,
  Me semble un peu Topinamboue.

XXI. *Sur le même sujet.*

Ne blâmez pas Perrault de condamner Homère,
Virgile, Aristote, Platon.
Il a pour lui monsieur son frère,
G.... N...., Lavau, Caligula, Néron,
Et le gros Charpentier, dit-on.

XXII. *A M. Perrault, sur les livres qu'il a faits contre les anciens.*

Pour quelque vain discours sottement avancé
Contre Homère, Platon, Cicéron ou Virgile,
Caligula partout fut traité d'insensé,
Néron de furieux, Adrien d'imbécille.
Vous donc qui, dans la même erreur,
Avec plus d'ignorance et non moins de fureur,
Attaquez ces héros de la Grèce et de Rome,
Perrault, fussiez-vous empereur,
Comment voulez-vous qu'on vous nomme?

XXIII. *Sur le même sujet.*

D'où vient que Cicéron, Platon, Virgile, Homère,
Et tous ces grands auteurs que l'univers révère,
Traduits dans vos écrits nous paraissent si sots?
Perrault, c'est qu'en prêtant à ces esprits sublimes
Vos façons de parler, vos bassesses, vos rimes,
Vous les faites tous des Perraults.

XXIV. *Au même.*

Ton oncle, dis-tu, l'assassin
M'a guéri d'une maladie :
La preuve qu'il ne fut jamais mon médecin
C'est que je suis encor en vie.

XXV. *Au même:*

Le bruit court que Bacchus, Junon, Jupiter, Mars,
    Apollon, le dieu des beaux arts,
Les Ris mêmes, les Jeux, les Grâces et leur mère,
    Et tous les dieux enfants d'Homère,
    Résolus de venger leur père,
Jettent déjà sur vous de dangereux regards.
Perrault, craignez enfin quelque triste aventure.
Comment soutiendrez-vous un choc si violent?
    Il est vrai, Vise (1) vous assure
    Que vous avez pour vous Mercure;
    Mais c'est le Mercure galant.

XXVI. *Parodie burlesque de la première ode* (2) *de Pindare, à la louange de M. Perrault.*

    Malgré son fatras obscur,
    Souvent Brébeuf étincelle.
    Un vers noble, quoique dur,
    Peut s'offrir dans la Pucelle.
    Mais, ô ma lyre fidèle!
    Si du parfait ennuyeux
    Tu veux trouver le modèle,
    Ne cherche point dans les cieux
    D'astre au soleil préférable;
    Ni, dans la foule innombrable
    De tant d'écrivains divers
    Chez Coignard rongés des vers,
    Un poète comparable

---

(1) Auteur du *Mercure galant.*
(2) J'avais résolu de parodier l'ode; mais dans ce temps-là nous nous raccommodâmes M. Perrault et moi. Ainsi il n'y eut que ce couplet de fait.

A l'auteur inimitable (1)
De Peau-d'âne mis en vers.

XXVII. *Sur la réconciliation de l'auteur et de
M. Perrault.*

Tout le trouble poétique
A Paris s'en va cesser;
Perrault l'anti-pindarique
Et Despréaux l'homérique
Consentent de s'embrasser.
Quelque aigreur qui les anime,
Quand, malgré l'emportement,
Comme eux l'un l'autre on s'estime,
L'accord se fait aisément.
Mon embarras est comment
On pourra finir la guerre
De Pradon et du parterre.

XXVIII. *Aux RR. PP. Jésuites, auteurs du jour-
nal de Trévoux.*

Mes révérends Pères en Dieu,
Et mes confrères en satire,
Dans vos écrits, en plus d'un lieu,
Je vois qu'à mes dépens vous affectez de rire.
Mais ne craignez-vous point que, pour rire de vous,
Relisant Juvénal, refeuilletant Horace,
Je ne ranime encor ma satirique audace?
Grands Aristarques de Trévoux,
N'allez point de nouveau faire courir aux armes
Un athlète tout prêt à prendre son congé,
Qui, par vos traits malins au combat rengagé,
Peut encore aux rieurs faire verser des larmes.

---

(1) M. Perrault dans ce temps-là avait rimé le conte
de *Peau-d'Âne.*

Apprenez un mot de Régnier,
Notre célèbre devancier :
« Corsaires attaquant corsaires
« Ne font pas, dit-il, leurs affaires. »

XXIX. *Réplique à une épigramme faite au nom
des mêmes journalistes.*

Non, pour montrer que Dieu veut être aimé de nous,
Je n'ai rien emprunté de Perse ni d'Horace,
Et je n'ai point suivi Juvénal à la trace.
Car bien qu'en leurs écrits ces auteurs, mieux que
       vous,
Attaquent les erreurs dont nos âmes sont ivres,
     La nécessité d'aimer Dieu
Ne s'y trouve jamais prêchée en aucun lieu,
    Mes Pères, non plus qu'en vos livres.

XXX. *Sur le livre des Flagellants, composé par
mon frère le docteur de Sorbonne.*

AUX MÊMES.

 Non, le livre des Flagellants
N'a jamais condamné, lisez-le bien, mes Pères,
    Ces rigidités salutaires
Que, pour ravir le ciel, saintement violents,
Exercent sur leurs corps tant de chrétiens austères.
Il blâme seulement cet abus odieux
    D'étaler et d'offrir aux yeux
Ce que leur doit toujours cacher la bienséance ;
Et combat vivement la fausse piété
Qui, sous couleur d'éteindre en nous la volupté,
Par l'austérité même et par la pénitence
Sait allumer le feu de la lubricité.

POÉSIES DIVERSES.

STANCES A M. DE MOLIÈRE,

Sur sa comédie de l'Ecole des Femmes, *que plu-*
sieurs gens frondaient.

En vain mille jaloux esprits,
Molière, osent avec mépris
Censurer ton plus bel ouvrage :
Sa charmante naïveté
S'en va pour jamais, d'âge en âge,
Divertir la postérité.

Que tu ris agréablement !
Que tu badines savamment !
Celui qui sut vaincre Numance (1),
Qui mit Carthage sous sa loi,
Jadis sous le nom de Térence,
Sut-il mieux badiner que toi ?

Ta muse avec utilité
Dit plaisamment la vérité ;
Chacun profite à ton Ecole ;
Tout en est beau, tout en est bon ;
Et ta plus burlesque parole
Est souvent un docte sermon.

(1) Scipion.

2.   5

Laisse gronder tes envieux :
Ils ont beau crier en tous lieux
Qu'en vain tu charmes le vulgaire,
Que tes vers n'ont rien de plaisant.
Si tu savais un peu moins plaire,
Tu ne leur déplairais pas tant.

*Sonnet sur une de mes parentes qui mourut toute
jeune entre les mains d'un charlatan.*

Nourri dès le berceau près de la jeune Orante,
Et non moins par le cœur que par le sang lié,
A ses jeux innocents enfant associé ,
Je goûtais les douceurs d'une amitié charmante :

Quand un faux Esculape, à cervelle ignorante,
A la fin d'un long mal vainement pallié,
Rompant de ses beaux jours le fil trop délié,
Pour jamais me ravit mon aimable parente.

Oh ! qu'un si rude coup me fit verser de pleurs !
Bientôt, la plume en main, signalant mes douleurs,
Je demandai raison d'un acte si perfide.

Oui, j'en fis dès quinze ans ma plainte à l'univers ;
Et l'ardeur de venger ce barbare homicide
Fut le premier démon qui m'inspira des vers.

Autre sonnet sur le même sujet.

Parmi les doux transports d'une amitié fidèle,
Je voyais près d'Iris couler mes heureux jours :
Iris que j'aime encore, et que j'aimai toujours,
Brûlait des mêmes feux dont je brûlais pour elle :

Quand, par l'ordre du ciel, une fièvre cruelle
M'enleva cet objet de mes tendres amours :

Et, de tous mes plaisirs interrompant le cours,
Me laissa de regrets une suite éternelle.

Ah! qu'un si rude coup étonna mes esprits!
Que je versai de pleurs! que je poussai de cris!
De combien de douleurs ma douleur fut suivie!

Iris, tu fus alors moins à plaindre que moi:
Et, bien qu'un triste sort t'ait fait perdre la vie,
Hélas! en te perdant j'ai perdu plus que toi.

FABLE D'ÉSOPE.

Le Bûcheron et la Mort.

Le dos chargé de bois, et le corps tout en eau,
Un pauvre bûcheron, dans l'extrême vieillesse,
Marchait en haletant de peine et de détresse.
Enfin, las de souffrir, jetant là son fardeau,
Plutôt que de s'en voir accablé de nouveau,
Il souhaite la Mort, et cent fois il l'appelle.
La Mort vint à la fin: Que veux-tu cria-t-elle.
Qui? moi! dit-il alors prompt à se corriger:
    Que tu m'aides à me charger.

Le Débiteur reconnaissant.

Je l'assistai dans l'indigence;
Il ne me rendit jamais rien.
Mais, quoiqu'il me dût tout son bien,
Sans peine il souffrait ma présence.
Oh! la rare reconnaissance!

Enigme.

Du repos des humains implacable ennemie,(1),
J'ai rendu mille amants envieux de mon sort,
Je me repais de sang, et je trouve ma vie
Dans les bras de celui qui recherche ma mort.

Vers pour mettre au-devant de la Macarise, ro-
man allégorique de l'abbé d'Aubignac, où l'on
expliquait toute la morale des Stoïciens.

LACHES partisans d'Epicure,
Qui, brûlant d'une flamme impure,
Du portique (1) fameux fuyez l'austérité,
Souffrez qu'enfin la raison vous éclaire.
Ce roman plein de vérité
Dans la vertu la plus sévère
Vous peut faire aujourd'hui trouver la volupté.

Sur un portrait de Rossinante, cheval de Don
Quichotte.

TEL fut ce roi des bons chevaux,
Rossinante, la fleur des coursiers d'Ibérie,
Qui, trottant jour et nuit et par monts et par vaux,
Galopa, dit l'histoire, une fois en sa vie.

Vers à mettre en chant.

VOICI les lieux charmants où mon âme ravie
Passait à contempler Sylvie
Ces tranquilles moments si doucement perdus.
Que je l'aimais alors! que je la trouvais belle!
Mon cœur, vous soupirez au nom de l'infidèle :
Avez-vous oublié que vous ne l'aimez plus?

(1) Une puce.
(2) L'école de Zénon.

C'est ici que souvent, errant dans les prairies,
Ma main des fleurs les plus chéries
Lui faisait des présents si tendrement reçus.
Que je l'aimais alors! que je la trouvais belle!
Mon cœur, vous soupirez au nom de l'infidèle :
Avez-vous oublié que vous ne l'aimez plus?

*Chanson à boire, que je fis au sortir de mon cours
de philosophie, à l'âge de dix-sept ans.*

PHILOSOPHES rêveurs, qui pensez tout savoir,
Ennemis de Bacchus, rentrez dans le devoir :
Vos esprits s'en font trop accroire.
Allez, vieux fous, allez apprendre à boire.
On est savant quand on boit bien :
Qui ne sait boire ne sait rien.
S'il faut rire ou chanter au milieu d'un festin,
Un docteur est alors au bout de son latin :
Un goinfre en a toute la gloire.
Allez, vieux fous, allez apprendre à boire.
On est savant quand on boit bien :
Qui ne sait boire ne sait rien.

*Chanson à boire, faite à Bâville, où était le
P. Bourdaloue.*

Que Bâville me semble aimable,
Quand des magistrats le plus grand
Permet que Bacchus à sa table
Soit notre premier président!
Trois muses, en habit de ville,
Y président à ses côtés;
Et ses arrêts par Arbouville (1)
Sont à plein verre exécutés.

(1) Gentilhomme, parent de M le premier président.

Si Bourdaloue un peu sévère
Nous dit : Craignez la volupté ;
Escobar, lui dit-on, mon Père,
Nous la permet pour la santé.
Contre ce docteur authentique
Si du jeûne il prend l'intérêt,
Bacchus le déclare hérétique,
Et janséniste, qui pis est.

Sur Homère.

QUAND, la dernière fois, dans le sacré vallon,
La troupe des neuf sœurs, par l'ordre d'Apollon,
　　　Lut l'Iliade et l'Odyssée ;
Chacune à les louer se montrant empressée :
Apprenez un secret qu'ignore l'univers,
　　　Leur dit alors le dieu des vers :
Jadis avec Homère, aux rives du Permesse,
Dans ce bois de lauriers où seul il me suivait,
Je les fis toutes deux, plein d'une douce ivresse.
　　　Je chantais, Homère écrivait.

Vers pour mettre sous le buste du roi, fait par M. Girardon l'année que les Allemands prirent Belgrade.

C'EST ce roi si fameux dans la paix, dans la guerre,
Qui seul fait à son gré le destin de la terre.
Tout reconnaît ses lois, où brigue son appui.
De ses nombreux combats le Rhin frémit encore ;
Et l'Europe en cent lieux a vu fuir devant lui
Tous ces héros si fiers que l'on voit aujourd'hui
Faire fuir l'Ottoman au-delà du Bosphore.

Vers pour mettre au bas d'un portrait de monsei-
gneur le duc du Maine, alors encore enfant, et
dont on avait imprimé un petit volume de let-
tres, au-devant desquelles ce prince était peint
en Apollon, avec une couronne sur la tête.

QUEL est cet Apollon nouveau
Qui, presque au sortir du berceau,
Vient régner sur notre Parnasse ?
Qu'il est brillant ! qu'il a de grâce !
Du plus grand des héros je reconnais le fils :
Il est déjà tout plein de l'esprit de son père ;
Et le feu des yeux de sa mère
A passé jusqu'en ses écrits.

Vers pour mettre au bas du portrait de mademoi-
selle de Lamoignon.

Aux sublimes vertus nourrie en sa famille,
Cette admirable et sainte fille
En tous lieux signala son humble piété ;
Jusqu'aux climats où naît et finit la clarté (1),
Fit ressentir l'effet de ses soins secourables ;
Et, jour et nuit pour Dieu pleine d'activité,
Consuma son repos, ses biens et sa santé,
A soulager les maux de tous les misérables.

---

(1) Mademoiselle de Lamoignon, sœur de M. le premier président, faisait tenir de l'argent à beaucoup
de missionaires, jusques dans les Indes orientales et
occidentales.

*A madame la présidente de Lamoignon, sur le
portrait du P. Bourdaloue qu'elle m'avait envoyé.*

Du plus grand orateur dont la chaire se vante
M'envoyer le portrait, illustre présidente,
C'est me faire un présent qui vaut mille présents.
J'ai connu Bourdaloue ; et dès mes jeunes ans
Je fis de ces sermons mes plus chères délices.
Mais lui, de son côté, lisant mes vains caprices,
Des censeurs de Trévoux n'eut point pour moi
    les yeux.
Ma franchise surtout gagna sa bienveillance.
Enfin, après Arnauld, ce fut l'illustre en France
Que j'admirai le plus et qui m'aima le mieux.

*Vers pour mettre au bas du portrait de Tavernier,
le célèbre voyageur.*

De Paris à Delli (1), du couchant à l'aurore,
Ce fameux voyageur courut plus d'une fois :
De l'Inde et de l'Hydaspe (2) il fréquenta les rois ;
Et sur les bords du Gange on le révère encore.
En tous lieux sa vertu fut son plus sûr appui ;
Et, bien qu'en nos climats de retour aujourd'hui
    En foule à nos yeux il présente
Les plus rares trésors que le soleil enfante (3),
Il n'a rien rapporté de si rare que lui.

---

(1) Ville et royaume des Indes.
(2) Fleuve du même pays.
(3) Il était revenu des Indes avec près de trois mil-
lions en pierreries.

Vers pour mettre au bas du portrait de mon père,
greffier de la grand'chambre du parlement de
Paris.

CE greffier doux et pacifique
De ses enfants au sang critique
N'eut point le talent redouté :
Mais, fameux par sa probité,
Reste de l'or du siècle antique,
Sa conduite, dans le palais
Partout pour exemple citée,
Mieux que leur plume si vantée
Fit la satire des Rolets.

Épitaphe de la mère de l'auteur.

C'est elle qui parle.

EPOUSE d'un mari doux, simple, officieux,
Par la même douceur je sus plaire à ses yeux :
Nous ne sûmes jamais ni railler ni médire.
Passant, ne t'enquiers point si de cette bonté
Tous mes enfants ont hérité ;
Lis seulement ces vers, et garde-toi d'écrire.

Sur un frère aîné que j'avais, et avec qui j'étais
brouillé.

DE mon frère, il est vrai, les écrits sont vantés :
Il a cent belles qualités :
Mais il n'a point pour moi d'affection sincère.
En lui je trouve un excellent auteur,
Un poète agréable, un très-bon orateur :
Mais je n'y trouve point de frère.

Vers pour mettre sous le portrait de M. de la Bruyère, au-devant de son livre des Caractères du temps.

C'est lui qui parle.

Tout esprit orgueilleux qui s'aime
Par mes leçons se voit guéri ;
Et dans mon livre si chéri
Apprend à se haïr soi-même.

Epitaphe de M. Arnauld.

Au pied de cet autel de structure grossière,
Gît sans pompe, enfermé dans une vile bière,
Le plus savant mortel qui jamais ait écrit,
Arnauld, qui, sur la grâce instruit par Jésus-Christ,
Combattant, pour l'Eglise, a, dans l'Eglise même,
Souffert plus d'un outrage et plus d'un anathême.
Plein du feu qu'en son cœur souffla l'Esprit divin,
Il terrassa Pélage, il foudroya Calvin,
De tous les faux docteurs confondit la morale.
Mais, pour fruit de son zèle, on l'a vu rebuté,
En cent lieux opprimé par leur noire cabale,
Errant, pauvre, banni, proscrit, persécuté ;
Et même par sa mort leur fureur mal éteinte
N'aurait jamais laissé ses cendres en repos,
Si Dieu lui-même ici de son ouaille sainte
A ces loups dévorants n'avait caché les os.

Vers pour mettre au bas du portrait de M. Hamon,
médecin.

TOUT brillant de savoir, d'esprit et d'éloquence,
Il courut au désert chercher l'obscurité ;
Aux pauvres consacra ses biens et sa science ;
Et, trente ans, dans le jeûne et dans l'austérité,
        Fit son unique volupté
        Des travaux de la pénitence.

Vers pour mettre au bas du portrait de
M. Racine.

Du théâtre français l'honneur et la merveille,
Il sut ressusciter Sophocle en ses écrits ;
Et, dans l'art d'enchanter les cœurs et les esprits,
Surpasser Euripide, et balancer Corneille.

SUR MON PORTRAIT.

M. le Verrier, mon illustre ami, ayant fait gra-
ver mon portrait par Drevet, célèbre graveur,
fit mettre au bas de ce portrait quatre vers où
l'on me fait ainsi parler :

Au joug de la raison asservissant la rime,
Et, même en imitant, toujours original,
J'ai su dans mes écrits, docte, enjoué, sublime,
Rassembler en moi Perse, Horace et Juvénal.

A quoi j'ai répondu par ces vers :

OUI, Le Verrier, c'est là mon fidèle portrait ;
        Et le graveur, en chaque trait,
A su très-finement tracer sur mon visage

De tout faux bel esprit l'ennemi redouté.
Mais, dans les vers pompeux qu'au bas de cet ou-
  vrage
Tu me fais prononcer avec tant de fierté,
      D'un ami de la vérité
      Qui peut reconnaître l'image?

Pour un autre portrait du même.

      NE cherchez point comment s'appelle
        L'écrivain peint dans ce tableau:
      A l'air dont il regarde et montre la Pucelle,
        Qui ne reconnaîtrait Boileau?

Vers pour mettre au bas d'une méchante gravure
*   qu'on a faite de moi.*

Du célèbre Boileau tu vois ici l'image.
Quoi! c'est là, diras-tu, ce critique achevé!
D'où vient le noir chagrin qu'on lit sur son visage?
      C'est de se voir si mal gravé.

Sur le buste de marbre qu'a fait de moi M. Gi-
*   rardon, premier sculpteur du roi.*

      GRACE au Phidias de notre âge,
Me voilà sûr de vivre autant que l'univers:
Et, ne connût-on plus ni mon nom ni mes vers,
Dans ce marbre fameux taillé sur mon visage,
De Girardon toujours on vantera l'ouvrage.

AVERTISSEMENT

AU LECTEUR.

Madame de Montespan et madame de Thiange, sa sœur, lasses des opéra de M. Quinault, proposèrent au roi d'en faire faire un par M. Racine, qui s'engagea assez légèrement à leur donner cette satisfaction, ne songeant pas dans ce moment-là à une chose dont il était plusieurs fois convenu avec moi, qu'on ne peut jamais faire un bon opéra, parce que la musique ne saurait narrer; que les passions n'y peuvent être peintes dans toute l'étendue qu'elles demandent; que d'ailleurs elle ne saurait souvent mettre en chant les expressions vraiment sublimes et courageuses. C'est ce que je lui représentai quand il me déclara son engagement, et il m'avoua que j'avais raison; mais il était trop avancé pour reculer. Il commença dès-lors en effet un opéra, dont le sujet était la chûte de Phaéton. Il en fit même quelques vers qu'il récita au roi, qui en parut content. Mais comme M. Racine n'entreprenait cet ouvrage qu'à regret, il me témoigna résolument qu'il ne l'acheverait point que je n'y travaillasse avec lui, et me déclara avant tout qu'il fallait que j'en composasse le prologue. J'eus beau lui représenter mon peu de talent pour ces sortes d'ouvrages, et que je n'avais jamais fait de vers d'amourette; il persista dans sa résolution, et me dit qu'il me le ferait ordonner par

le roi. Je songeai donc en moi-même à voir de
quoi je serais capable, en cas que je fusse absolument obligé de travailler à un ouvrage si opposé
à mon génie et à mon inclination. Ainsi, pour
m'essayer, je traçai, sans en rien dire à personne, non pas même à M. Racine, le canevas
d'un prologue, et j'en composai une première
scène. Le sujet de cette scène était une dispute
de la Poésie et de la Musique, qui se querellaient
sur l'excellence de leur art, et étaient enfin toutes prêtes à se séparer, lorsque tout-à-coup la
déesse des accords, je veux dire l'Harmonie,
descendait du ciel avec tous ses charmes et tous
ses agréments, et les réconciliait. Elle devait
dire ensuite la raison qui la faisait venir sur la
terre, qui n'était autre que de divertir le prince
de l'univers le plus digne d'être servi, et à qui
elle devait le plus, puisque c'était lui qui la main-
tenait dans la France, où elle régnait en toutes
choses. Elle ajoutait ensuite que pour empêcher
que quelque audacieux ne vînt troubler, en s'é-
levant contre un si grand prince, la gloire dont
elle jouissait avec lui, elle voulait que dès aujourd'hui même, sans perdre de temps, on repré-
sentât sur la scène la chute de l'ambitieux Phaéton. Aussitôt tous les poètes et tous les musiciens, par son ordre, se retiraient et s'allaient
habiller. Voilà le sujet de mon prologue, auquel
je travaillai trois ou quatre jours avec un assez
grand dégoût, tandis que M. Racine de son côté,
avec non moins de dégoût, continuait à disposer
le plan de son opéra, sur lequel je lui prodiguais
mes conseils. Nous étions occupés à ce misérable travail, dont je ne sais si nous nous serions
bien tirés, lorsque tout-à-coup un heureux incident nous tira d'affaire. L'incident était que

M. Quinault s'étant présenté au roi les larmes
aux yeux, et lui ayant remontré l'affront qu'il
allait recevoir, s'il ne travaillait plus au diver-
tissement de sa majesté ; le roi, touché de com-
passion, déclara franchement aux dames dont j'ai
parlé qu'il ne pouvait se résoudre à lui donner ce
déplaisir. SIC NOS SERVAVIT APOLLO. Nous re-
tournâmes donc, M. Racine et moi, à notre premier emploi, et il ne fut plus mention de notre
opéra, dont il ne resta que quelques vers de
M. Racine, qu'on n'a point trouvés dans ses pa-
piers après sa mort, et que vraisemblablement
il avait supprimés par délicatesse de conscience,
à cause qu'il y était parlé d'amour. Pour moi,
comme il n'était point question d'amourette dans
la scène que j'avais composée, non-seulement je
n'ai pas jugé à propos de la supprimer, mais je
la donne ici au public, persuadé qu'elle fera plaisir aux lecteurs, qui ne seront peut-être pas fâchés de voir de quelle manière je m'y étais pris
pour adoucir l'amertume et la force de ma poésie satirique, et pour me jeter dans le style dou-
cereux. C'est de quoi ils pourront juger par le
fragment que je leur présente ici, et que je leur
présente avec d'autant plus de confiance, qu'é-
tant fort court, s'il ne les divertit, il ne leur
laissera pas du moins le temps de s'ennuyer.

PROLOGUE.

LA POÉSIE, LA MUSIQUE.

LA POÉSIE.

Quoi! par de vains accords et des sons impuissants,
Vous croyez exprimer tout ce que je sais dire?

LA MUSIQUE.

Aux doux transports qu'Apollon vous inspire
Je crois pouvoir mêler la douceur de mes chants.

LA POÉSIE.

Oui, vous pouvez au bord d'une fontaine
Avec moi soupirer une amoureuse peine,
Faire gémir Tyrsis, faire plaindre Climène.
Mais, quand je fais parler les héros et les dieux,
Vos chants audacieux
Ne me sauraient prêter qu'une cadence vaine :
Quittez ce soin ambitieux.

LA MUSIQUE.

Je sais l'art d'embellir vos plus rares merveilles.

LA POÉSIE.

On ne veut plus alors entendre vos voix.

LA MUSIQUE.

Pour entendre mes sons, les rochers et les bois
Ont jadis trouvé des oreilles.

LA POÉSIE.

Ah! c'en est trop, ma sœur, il faut nous séparer.
Je vais me retirer :
Nous allons voir sans moi ce que vous saurez faire.

LA MUSIQUE.

Je saurai divertir et plaire ;
Et mes chants moins forcés n'en seront que plus
doux.

LA POÉSIE.

Hé bien, ma sœur, séparons-nous.

LA MUSIQUE.

Séparons-nous.

LA POÉSIE.

Séparons-nous.

CHOEURS DE POÈTES ET DE MUSICIENS.

Séparons-nous, séparons-nous.

LA POÉSIE.

Mais quelle puissance inconnue
Malgré moi m'arrête en ces lieux?

LA MUSIQUE.

Quelle divinité sort du sein de la nue?

LA POÉSIE.

Quels chants mélodieux
Font retentir ici leur douceur infinie?

LA MUSIQUE.

Ah! c'est la divine Harmonie
Qui descend des cieux!

LA POÉSIE.

Qu'elle étale à nos yeux
De grâces naturelles!

LA MUSIQUE.

Quel bonheur imprévu la fait ici revoir!

LA POÉSIE ET LA MUSIQUE.

Oublions nos querelles,
Il faut nous accorder pour la bien recevoir.

CHOEUR DE POÈTES ET DE MUSICIENS.

Oublions nos querelles,
Il faut nous accorder pour la bien recevoir.

POÉSIES LATINES.

ÉPIGRAMMA.

in novum Causidicum, rustici Lictoris filium.

Dum puer iste fera natus lictore perorat,
    Et clamat medio, stante parente, foro;
Quæris quid sileat circumfusa undique turba?
    Non stupet ob natum, sed timet illa patrem.

*Alterum in Marullum, versibus Phaleucis antea
male laudatum.*

Nostri quid placeant minùs Phaleuci,
Jamdudum tacitus, Marulle, quæro,
Cùm nec sint stolidi, nec inficeti,
Nec pingui nimiùm fluant Minervâ.
Tuas sed celebrant, Marulle, laudes:
O versus stolidos et inficetos !

SATIRA.

Quid numeris iterum me balbutire latinis
Longè Alpes citra natum de patre sicambro,
Musa, jubes? Istuc puero mihi profuit olim,
Verba mihi sævo nuper dictata magistro
Cùm pedibus certis conclusa referre docebas.
Utile tunc Smetium manibus sordescere nostris :
Et mihi sæpe udo volvendus pollice textor
Præbuit adsutis contexere carmina pannis.
Sic Maro, sic Flaccus, sic nostro sæpe Tibullus
Carmine disjecti, vano pueriliter ore
Bullatas nugas, sese stupuere loquentes....
. . . .

OUVRAGES
DIVERS.

DISCOURS

SUR

LE DIALOGUE SUIVANT.

Le dialogue qu'on donne ici au public a été
composé à l'occasion de cette prodigieuse multitude de romans qui parurent vers le milieu du
siècle précédent, et dont voici en peu de mots
l'origine. Honoré d'Urfé, homme de fort grande
qualité dans le Lyonnais, et très-enclin à l'a-
mour, voulant faire valoir un grand nombre de
vers qu'il avait composés pour ses maîtresses, et
rassembler en un corps plusieurs aventures amou-
reuses qui lui étaient arrivées, s'avisa d'une in-
vention très-agréable. Il feignit que dans le Forez,
petit pays contigu à la Limagne d'Auvergne,
il y avait eu, du temps de nos premiers rois, une
troupe de bergers et de bergères qui habitaient
sur les bords de la rivière du Lignon, et qui, assez
accommodés des biens de la fortune, ne laissaient
pas néanmoins, par un simple amusement, et
pour leur seul plaisir, de mener paître eux-mêmes leurs troupeaux. Tous ces bergers et toutes
ces bergères étant d'un fort grand loisir, l'amour,
comme on le peut penser, et comme il le raconte
lui-même, ne tarda guère à les y venir troubler,
et produisit quantité d'événements considérables.
—D'Urfé y fit arriver toutes ses aventures, parmi
lesquelles il en mêla beaucoup d'autres, et en-
châssa les vers dont j'ai parlé, qui, tout mé-

chants qu'ils étaient, ne laissèrent pas d'être souf-
ferts, et de passer à la faveur de l'art avec lequel
il les mit en œuvre : car il soutint tout cela d'une
narration également vive et fleurie, de fictions
très-ingénieuses, et de caractères aussi finement
imaginés qu'agréablement variés et bien suivis.
Il composa ainsi un roman qui lui acquit beaucoup de réputation, et qui fut fort estimé, même
des gens du goût le plus exquis ; bien que la morale en fût fort vicieuse, ne prêchant que l'amour
et la mollesse, et allant quelquefois jusqu'à blesser un peu la pudeur. Il en fit quatre volumes,
qu'il intitula ASTRÉE, du nom de la plus belle de
ses bergères ; et sur ces entrefaites étant mort,
Baro son ami, et, selon quelques-uns, son domes-
tique, en composa sur ses mémoires un cinquième tome, qui en formait la conclusion, et
qui ne fut guère moins bien reçu que les quatre
autres volumes. Le grand succès de ce roman
échauffa si bien les beaux esprits d'alors, qu'ils
en firent à son imitation quantité de semblables,
dont il y en avait même de dix et de douze volumes ; et ce fut quelque temps comme une espèce
de débordement sur le Parnasse. On vantait surtout ceux de Gomberville, de la Calprenède, de
Desmarets et de Scuderi. Mais ces imitateurs,
s'efforçant mal-à-propos d'enchérir sur leur original, et prétendant ennoblir ses caractères,
tombèrent, à mon avis, dans une très-grande
puérilité : car au lieu de prendre, comme lui,
pour leurs héros, des bergers occupés du seul
soin de gagner le cœur de leurs maîtresses, ils
prirent, pour leur donner cette étrange occupa-
tion, non-seulement des princes et des rois, mais
les plus fameux capitaines de l'antiquité, qu'ils
peignirent pleins du même esprit que ces bergers,

ayant à leur exemple fait comme une espèce de
vœu de ne parler jamais et de n'entendre jamais
parler que d'amour. De sorte qu'au lieu que
d'Urfé dans son Astrée, de bergers très-frivoles,
avait fait des héros de roman considérables, ces
auteurs, au contraire, des héros les plus considérables de l'histoire, firent des bergers très-frivoles, et quelquefois même des bourgeois (1) encore plus frivoles que ces bergers. Leurs ouvrages néanmoins ne laissèrent pas de trouver un
nombre infini d'admirateurs, et eurent long-
temps une fort grande vogue. Mais ceux qui s'at-
tirèrent le plus d'applaudissements, ce furent le
Cyrus et la Clélie de mademoiselle de Scudéri,
sœur de l'auteur du même nom. Cependant, non-
seulement elle tomba dans la même puérilité,
mais elle la poussa encore à un plus grand excès.
Si bien qu'au lieu de représenter, comme elle
devait, dans la personne de Cyrus, un roi pro-
mis par les prophètes, tel qu'il est exprimé dans
la Bible, ou, comme le peint Hérodote, le plus
grand conquérant que l'on eut encore vu, ou enfin tel qu'il est figuré dans Xénophon, qui a fait
aussi bien qu'elle un roman de la vie de ce prince;
au lieu, dis-je, d'en faire un modèle de toute
perfection, elle en composa un Artamène plus
fou que tous les Céladons et tous les Sylvandres,
qui n'est occupé que du seul soin de sa Mandane,
qui ne fait du matin au soir que lamenter, gémir, et filer le parfait amour. Elle a encore fait
pis dans son autre roman intitulé CLÉLIE, où

---

(1) Les auteurs de ces romans, sous le nom de ces
héros, peignaient quelquefois le caractère de leurs
amis particuliers, gens de peu de conséquence

6

elle représente tous les héros de la république
romaine naissante, les Horatius Coclès, les Mu-
tius Scévola, les Clélie ; les Lucrèce, les Brutus
encore plus amoureux qu'Artamène, ne s'occu-
pant qu'à tracer des cartes géographiques d'a-
mour, qu'à se proposer les uns aux autres des
questions et des énigmes galantes ; en un mot,
qu'à faire tout ce qui paraît le plus opposé au caractère et à la gravité héroïque de ces premiers
Romains.

Comme j'étais fort jeune dans le temps que
tous ces romans, tant ceux de mademoiselle de
Scuderi, que ceux de la Calprenède et de tous
les autres, faisaient le plus d'éclat, je le lus,
ainsi que les lisait tout le monde, avec beaucoup
d'admiration, et je les regardai comme des chefs-
d'œuvre de notre langue. Mais enfin mes années étant accrues, et la raison m'ayant ouvert
les yeux, je reconnus la puérilité de ces ouvrages. Si bien que l'esprit satirique commençant à
dominer en moi, je ne me donnai point de repos que je n'eusse fait contre ces romans un dialogue à la manière de Lucien, où j'attaquais non-
seulement leur peu de solidité, mais leur afféterie
précieuse de langage, leurs conversations vagues et frivoles, les portraits avantageux faits à
chaque bout de champ de personnes de très-mé-
diocre beauté, et quelquefois même laides par
excès, et tout ce long verbiage d'amour qui n'a
point de fin. Cependant comme mademoiselle de
Scuderi était alors vivante, je me contentai de
composer ce dialogue dans ma tête ; et bien loin
de le faire imprimer, je gagnai même sur moi de
ne point l'écrire, et ne point le laisser voir sur
le papier, ne voulant pas donner ce chagrin à
une fille qui après tout avait beaucoup de mérite,

et qui, s'il en faut croire tous ceux qui l'ont connue, nonobstant la mauvaise morale enseignée dans ses romans, avait encore plus de probité et d'honneur que d'esprit. Mais aujourd'hui qu'enfin la mort l'a rayée du nombre des humains, elle et tous les autres compositeurs de romans, je crois qu'on ne trouvera pas mauvais que je donne au public mon dialogue, tel que je l'ai retrouvé dans ma mémoire. Cela me paraît d'autant plus nécessaire, qu'en ma jeunesse l'ayant récité plusieurs fois dans des compagnies où il se trouvait des gens qui avaient beaucoup de mémoire, ces personnes en ont retenu plusieurs lambeaux, dont elles ont ensuite composé un ouvrage qu'on a distribué sous le nom de DIALOGUE DE M. DESPRÉAUX, et qui a été imprimé plusieurs fois dans les pays étrangers. Mais enfin le voici donné de ma main. Je ne sais s'il s'attirera les mêmes applaudissements qu'il s'attirait autrefois dans les fréquents récits que j'étais obligé d'en faire ; car, outre qu'en le récitant je donnais à tous les personnages que j'y introduisais le ton qui leur convenait, ces romans étant alors lus de tout le monde, on concevait aisément la finesse des railleries qui y sont. Mais maintenant que les voilà tombés dans l'oubli, et qu'on ne les lit presque plus, je doute que mon dialogue fasse le même effet. Ce que je sais pourtant, à n'en point douter, c'est que tous les gens d'esprit et de véritable vertu me rendront justice, et reconnaîtront sans peine que sous le voile d'une fiction en apparence extrêmement badine, folle, outrée, où il n'arrive rien qui soit dans la vérité et dans la vraisemblance, je leur donne peut-être ici le moins frivole ouvrage qui soit encore sorti de ma plume.

LES HÉROS DE ROMAN,

DIALOGUE

A LA MANIÉRE DE LUCIEN.

MINOS, *sortant du lieu où il rend la justice, proche le palais de Pluton.*

MAUDIT soit l'impertinent harangueur qui m'a tenu toute la matinée! Il s'agissait d'un méchant drap qu'on a dérobé à un savetier, en passant le fleuve, et jamais je n'ai tant ouï parler d'Aristote. Il n'y a point de loi qu'il ne m'ait citée.

PLUTON.

Vous voilà bien en colère, Minos.

MINOS.

Ah! c'est vous, roi des enfers. Qui vous amène?

PLUTON.

Je viens ici pour vous en instruire. Mais auparavant peut-on savoir quel est cet avocat qui vous a si doctement ennuyé ce matin? Est-ce que Huot et Martinet sont morts?

MINOS.

Non, grâce au ciel; mais c'est un jeune mort qui a été sans doute à leur école. Bien qu'il n'ait dit que des sottises, il n'en a avancé pas une qu'il n'ait appuyée de l'autorité de tous les anciens;

6

et quoiqu'il les fit parler de la plus mauvaise grâce du monde, il leur a donné à tous, en les citant, de la galanterie, de la gentillesse et de la bonne grâce. « Platon dit galamment (1) dans « son Timée. Sénèque est joli dans son Traité des « bienfaits. Esope a bonne grâce dans un de ses « apologues. »

PLUTON.

Vous me peignez là un maître impertinent. Mais pourquoi le laissiez-vous parler si long-temps? Que ne lui imposiez-vous silence?

MINOS.

Silence, lui? c'est bien un homme qu'on puisse faire taire quand il a commencé à parler! J'ai eu beau faire semblant vingt fois de me vouloir lever de mon siége, j'ai eu beau lui crier : Avocat, concluez, de grâce; concluez, avocat : il a été jusqu'au bout, et a tenu à lui seul toute l'au-dience. Pour moi, je ne vis jamais une telle fu-reur de parler; et si ce désordre-là continue, je crois que je serai obligé de quitter la charge.

PLUTON.

Il est vrai que les mortels n'ont jamais été si sots qu'aujourd'hui. Il n'est pas venu ici depuis long-temps une ombre qui eût le sens commun; et sans parler des gens de palais, je ne vois rien de si impertinent que ceux qu'ils nomment gens du monde. Ils parlent tous un certain langage, qu'ils appellent galanterie : et quand nous leur témoignons, Proserpine et moi, que cela nous choque, ils nous traitent de bourgeois, et disent

---

(1) Manière de parler de ce temps-là, fort com-mune dans le barreau.

que nous ne sommes pas galants. On m'a assuré
même que cette pestilente galanterie avait in-
fecté tous les pays infernaux, et même les champs
élysées; de sorte que les héros et surtout les héroïnes qui les habitent sont aujourd'hui les plus
sottes gens du monde, grâce à certains auteurs
qui leur ont appris, dit-on, ce beau langage, et
qui en ont fait des amoureux transis. A vous dire
le vrai, j'ai bien de la peine à le croire. J'ai bien
de la peine, dis-je, à m'imaginer que les Cyrus
et les Alexandre soient devenus tout-à-coup,
comme on me le veut faire entendre, des Thyr-
sis et des Céladon. Pour m'en éclaircir donc moi-
même par mes propres yeux, j'ai donné ordre
qu'on fit venir ici aujourd'hui des champs élysées, et de toutes les autres régions de l'enfer,
les plus célèbres d'entre ces héros; et j'ai fait
préparer pour les recevoir ce grand salon où
vous voyez que sont postés mes gardes. Mais où
est Rhadamanthe ?

MINOS.

Qui ? Rhadamanthe ! il est allé dans le Tartare
pour y voir entrer un lieutenant criminel (1)
nouvellement arrivé de l'autre monde, où il a,
dit-on, été, tant qu'il a vécu, aussi célèbre par
sa grande capacité dans les affaires de judicature,
que diffamé par son excessive avarice.

PLUTON.

N'est-ce pas celui qui pensa se faire tuer une
seconde fois pour une obole qu'il ne voulut pas
payer à Caron en passant le fleuve ?

_____

(1) Le lieutenant-criminel Tardieu et sa femme furent assassinés à Paris la même année que je fis ce
dialogue, c'est à savoir en 1664.

LES HÉROS

MINOS.

C'est celui-là même. Avez-vous vu sa femme?
C'était une chose à peindre que l'entrée qu'elle
fit ici. Elle était couverte d'un linceul de satin.

PLUTON.

Comment! de satin! Voilà une grande magnificence.

MINOS.

Au contraire, c'est une épargne : car tout cet
accoutrement n'était autre chose que trois thè-
ses cousues ensemble, dont on avait fait présent
à son mari en l'autre monde. O la vilaine ombre!
Je crains qu'elle n'empeste tout l'enfer. J'ai tous
les jours les oreilles rebattues de ses larcins.
Elle vola avant-hier la quenouille de Clothon ;
et c'est elle qui avait dérobé ce drap dont on
m'a tant étourdi ce matin, à un savetier qu'elle
attendait au passage. De quoi vous êtes-vous
avisé, de charger les enfers d'une si dangereuse
créature?

PLUTON.

Il fallait bien qu'elle suivit son mari. Il n'aurait
pas été bien damné sans elle. Mais, à propos de
Rhadamanthe, le voici lui-même, si je ne me
trompe, qui vient à nous. Qu'a-t-il? il paraît tout
effrayé.

RHADAMANTHE.

Puissant roi des enfers, je viens vous avertir
qu'il faut songer tout de bon à vous défendre,
vous et votre royaume. Il y a un grand parti formé
contre vous dans le Tartare. Tous les criminels, résolus de ne vous plus obéir, ont pris les
armes. J'ai rencontré là-bas Prométhée avec son
vautour sur le poing. Tantale est ivre comme une
soupe ; Ixion a violé une Furie ; et Sisyphe, as-

sis sur son rocher, exhorte tous ses voisins à secouer le joug de votre domination.

MINOS.

O les scélérats! Il y a long-temps que je prévoyais ce malheur.

PLUTON.

Ne craignez rien, Minos. Je sais bien le moyen de les réduire. Mais ne perdons point de temps. Qu'on fortifie les avenues. Qu'on redouble la garde de mes Furies. Qu'on arme toutes les milices de l'enfer. Qu'on lâche Cerbère. Vous, Rhadamanthe, allez-vous-en dire à Mercure qu'il nous fasse venir l'artillerie de mon frère Jupiter. Cependant vous, Minos, demeurez avec moi. Voyons nos héros, s'ils sont en état de nous aider. J'ai été bien inspiré de les mander aujourd'hui. Mais quel est ce bon homme qui vient à nous, avec son bâton et sa besace? Ha! c'est ce fou de Diogène. Que viens-tu chercher ici?

DIOGÈNE.

J'ai appris la nécessité de vos affaires; et, comme votre fidèle sujet, je viens vous offrir mon bâton.

PLUTON.

Nous voilà bien forts avec ton bâton.

DIOGÈNE.

Ne pensez pas vous moquer. Je ne serai peut-être pas le plus inutile de tous ceux que vous avez envoyé chercher.

PLUTON.

Hé quoi! nos héros ne viennent-ils pas?

DIOGÈNE.

Oui, je viens de rencontrer une troupe de fous là-bas. Je crois que ce sont eux. Est-ce que vous avez envie de donner le bal?

PLUTON.

Pourquoi le bal?

DIOGÈNE.

C'est qu'ils sont en fort bon équipage pour danser. Ils sont jolis, ma foi : je n'ai jamais rien vu de si dameret ni de si galant.

PLUTON.

Tout beau, Diogène. Tu te mêles toujours de railler. Je n'aime point les satiriques. Et puis ce sont des héros pour lesquels on doit avoir du respect.

DIOGÈNE

Vous en allez juger vous-même tout-à-l'heure; car je les vois déjà qui paraissent. Approchez, fameux héros, et vous aussi, héroïnes encore plus fameuses, autrefois l'admiration de toute la terre. Voici une belle occasion de se signaler. Venez ici tous en foule.

PLUTON.

Tais-toi. Je veux que chacun vienne l'un après l'autre, accompagné tout au plus de quelqu'un de ses confidents. Mais avant tout, Minos, passons, vous et moi, dans ce salon que j'ai fait, comme je vous ai dit, préparer pour les recevoir, et où j'ai ordonné qu'on mit nos sièges, avec une balustrade qui nous sépare du reste de l'assemblée. Entrons. Bon. Voilà tout disposé ainsi que je le souhaitais. Suis-nous, Diogène : j'ai besoin de toi pour nous dire le nom des héros qui vont arriver. Car de la manière dont je vois que tu as fait connaissance avec eux, personne ne me peut mieux rendre ce service que toi.

DIOGÈNE.

Je ferai de mon mieux.

PLUTON.

Tiens-toi donc ici près de moi. Vous, gardes,

au moment que j'aurai interrogé ceux qui seront entrés, qu'on les fasse passer dans les longues et ténébreuses galeries qui sont adossées à ce salon, et qu'on leur dise d'y aller attendre mes ordres. Asseyons-nous. Qui est celui qui vient le premier de tous, nonchalamment appuyé sur son écuyer?

DIOGÈNE.

C'est le grand Cyrus.

PLUTON.

Quoi! ce grand roi qui transféra l'empire des Mèdes aux Perses, qui a tant gagné de batailles? De son temps les hommes venaient ici tous les jours par trente et quarante mille. Jamais personne n'y en a tant envoyé.

DIOGÈNE.

Au moins ne l'allez pas appeler Cyrus.

PLUTON.

Pourquoi?

DIOGÈNE.

Ce n'est plus son nom. Il s'appelle maintenant Artamène.

PLUTON.

Artamène! Et où a-t-il pêché ce nom-là? Je ne me souviens point de l'avoir jamais lu.

DIOGÈNE.

Je vois bien que vous ne savez pas son histoire.

PLUTON.

Quoi? moi? Je sais aussi bien mon Hérodote qu'un autre.

DIOGÈNE.

Oui. Mais, avec tout cela, diriez-vous bien pourquoi Cyrus a tant conquis de provinces, traversé l'Asie, la Médie, l'Hyrcanie, la Perse, et ravagé enfin plus de la moitié du monde?

PLUTON.

Belle demande! C'est que c'était un prince ambitieux, qui voulait que toute la terre lui fût soumise.

DIOGÈNE.

Point du tout. C'est qu'il voulait délivrer sa princesse qui avait été enlevée.

PLUTON.

Quelle princesse ?

DIOGÈNE.

Mandane.

PLUTON.

Mandane ?

DIOGÈNE.

Oui. Et savez-vous combien elle a été enlevée de fois ?

PLUTON.

Ou veux-tu que je l'aille chercher ?

DIOGÈNE.

Huit fois.

MINOS.

Voilà une beauté qui a passé par bien des mains.

DIOGÈNE.

Cela est vrai. Mais tous ses ravisseurs étaient les scélérats du monde les plus vertueux. Assurément ils n'ont pas osé lui toucher.

PLUTON.

J'en doute. Mais laissons là ce fou de Diogène. Il faut parler à Cyrus lui-même. Hé bien, Cyrus, il faut combattre. Je vous ai envoyé chercher pour vous donner le commandement de mes troupes. Il ne répond rien ? Qu'a-t-il ? Vous diriez qu'il ne sait où il est.

CYRUS.

Eh ! divine princesse !

PLUTON.

Quoi ?

CYRUS.

Ah ! injuste Mandane !

PLUTON.

Plaît-il ?

CYRUS.

Tu me flattes, trop complaisant Féraulas. Es-tu si peu sage que de penser que Mandane, l'illustre Mandane, puisse jamais tourner les yeux sur l'infortuné Artamène? Aimons-là toutefois. Mais aimerons-nous une cruelle? Servirons-nous une insensible? Adorerons-nous une inexorable? Oui, Cyrus, il faut aimer une cruelle. Oui, Artamène, il faut servir une insensible. Oui, fils de Cambyse, il faut adorer l'inexorable fille de Cyaxare (1).

PLUTON.

Il est fou. Je crois que Diogène a dit vrai.

DIOGÈNE.

Vous voyez bien que vous ne saviez pas son histoire. Mais faites approcher son écuyer Féraulas; il ne demande pas mieux que de vous la raconter; il sait par cœur tout ce qui s'est passé dans l'esprit de son maître, et a tenu un registre exact de toutes les paroles que son maître a dites en lui-même depuis qu'il est au monde, avec un rouleau de ses lettres qu'il a toujours dans sa poche. A la vérité vous êtes en danger de bailler un peu; car ses narrations ne sont pas fort courtes.

PLUTON.

Oh! j'ai bien le temps de cela!

CYRUS.

Mais, trop engageante personne....

PLUTON.

Quel langage! A-t-on jamais parlé de la sorte? Mais dites-moi, vous, trop pleurant Artamène, est-ce que vous n'avez pas envie de combattre?

CYRUS.

Eh! de grâce, généreux Pluton, souffrez que

_____

(1) Affectation du style du Cyrus imitée.

2.   7

j'aille entendre l'histoire d'Aglatidas et d'Amestris, qu'on me va conter. Rendons ce devoir à deux illustres malheureux. Cependant voici le fidèle Féraulas que je vous laisse, qui vous instruira positivement de l'histoire de ma vie, et de l'impossibilité de mon bonheur.

PLUTON.

Je n'en veux point être instruit, moi. Qu'on me chasse ce grand pleureux.

CYRUS.

Eh ! de grâce !

PLUTON.

Si tu ne sors....

CYRUS.

En effet....

PLUTON.

Si tu ne t'en vas....

CYRUS.

En mon particulier....

PLUTON.

Si tu ne te retires.... A la fin le voilà dehors. A-t-on jamais vu tant pleurer !

DIOGÈNE.

Vraiment il n'est pas au bout, puisqu'il n'en est qu'à l'histoire d'Aglatidas et d'Amestris. Il a encore neuf gros tomes à faire ce joli métier.

PLUTON.

Hé bien ! qu'il remplisse, s'il veut, cent volumes de ses folies. J'ai d'autres affaires présentement qu'à l'entendre. Mais quelle est cette femme que je vois qui arrive ?

DIOGÈNE.

Ne reconnaissez-vous pas Tomyris ?

PLUTON.

Quoi ! cette reine sauvage des Massagètes, qui fit plonger la tête de Cyrus dans un vaisseau de sang humain ? Celle-ci ne pleurera pas, j'en réponds. Qu'est-ce qu'elle cherche ?

TOMYRIS.

« Que l'on cherche partout mes tablettes perdues ;
« Mais que sans les ouvrir elles me soient rendues (1) ».

DIOGÈNE.

Des tablettes ! Je ne les ai pas au moins. Ce n'est pas un meuble pour moi que des tablettes ; et l'on prend assez de soin de retenir mes bons mots, sans que j'aie besoin de les recueillir moi-même dans des tablettes.

PLUTON.

Je pense qu'elle ne fera que chercher. Elle a tantôt visité tous les coins et recoins de cette salle. Qu'y avait-il donc de si précieux dans vos tablettes, grande reine ?

TOMYRIS.

Un madrigal que j'ai fait ce matin pour le charmant ennemi que j'aime.

MINOS.

Hélas ! qu'elle est doucereuse !

DIOGÈNE.

Je suis fâché que ses tablettes soient perdues. Je serais curieux de voir un madrigal massagète.

PLUTON.

Mais quel est donc ce charmant ennemi qu'elle aime ?

DIOGÈNE.

C'est ce même Cyrus qui vient de sortir tout-à-l'heure.

PLUTON.

Bon ! elle aurait fait égorger l'objet de sa passion ?

DIOGÈNE.

Egorgé ! C'est une erreur dont on a été abusé

---

(1) Ce sont les deux premiers vers de la cinquième scène du premier acte de la tragédie de *Cyrus*, faite par M. Quinault ; et c'est Tomyris qui parle.

seulement durant vingt-cinq siècles; et cela par
la faute du gazetier de Scythie, qui répandit mal-
à-propos la nouvelle de sa mort sur un faux bruit.
On en est détrompé depuis quatorze ou quinze
ans.

PLUTON.

Vraiment je le croyais encore. Cependant,
soit que le gazetier de Scythie se soit trompé ou
non, qu'elle s'en aille dans ces galeries chercher,
si elle veut, son charmant ennemi, et qu'elle ne
s'opiniâtre pas davantage à retrouver des tablettes que vraisemblablement elle a perdues par sa
négligence, et que sûrement aucun de nous n'a
volées. Mais quelle est cette voix robuste que
j'entends là-bas qui fredonne un air?

DIOGÈNE.

C'est ce grand borgne d'Horatius Coclès, qui
chante ici proche, comme m'a dit un de vos gardes, à un écho qu'il y a trouvé, une chanson qu'il
a faite pour Clélie.

PLUTON.

Qu'a donc ce fou de Minos, qu'il crève de rire?

MINOS.

Et qui ne rirait? Horatius Coclès chantant à
l'écho.

PLUTON.

Il est vrai que la chose est assez nouvelle. Cela
est à voir. Qu'on le fasse entrer, et qu'il n'inter-
rompe point pour cela sa chanson, que Minos
vraisemblablement sera bien aise d'entendre de
plus près.

MINOS.

Assurément.

HORATIUS COCLÈS, *chantant la reprise de la chanson qu'il chante dans Clélie.*

« Et Phénisse même publie
« Qu'il n'est rien si beau que Clélie. »

DIOGÈNE.

Je pense reconnaître l'air. C'est sur le chant de Toinon la belle jardinière (1).

HORATIUS COCLÈS.

« Et Phénisse même publie
« Qu'il n'est rien si beau que Clélie. »

PLUTON.

Quelle est donc cette Phénisse?

DIOGÈNE.

C'est une dame des plus galantes et des plus spirituelles de la ville de Capoue, mais qui a une trop grande opinion de sa beauté, et qu'Horatius Coclès raille dans cet impromptu de sa façon, dont il a composé aussi le chant, en lui faisant avouer à elle-même que tout cède en beauté à Clélie.

MINOS.

Je n'eusse jamais cru que cet illustre Romain fût si excellent musicien, et si habile faiseur d'impromptu. Cependant je vois bien par celui-ci qu'il y est maître passé.

PLUTON.

Et moi, je vois bien que pour s'amuser à de semblables petitesses, il faut qu'il ait entièrement perdu le sens. Hé! Horatius Coclès, vous qui étiez autrefois si déterminé soldat, et qui avez défendu vous seul un pont contre toute une armée, de quoi vous êtes-vous avisé de vous faire berger après votre mort? et qui est le fou ou la folle qui vous ont appris à chanter?

HORATIUS COCLÈS.

« Et Phénisse même publie
« Qu'il n'est rien si beau que Clélie. »

MINOS.

Il se ravit dans son chant.

_____

(1) Chanson du Savoyard, alors à la mode.

PLUTON.

Oh! qu'il s'en aille dans mes galeries chercher, s'il veut, un nouvel écho : qu'on l'emmène.

HORATIUS COCLÈS, *s'en allant et toujours chantant.*

« Et Phénisse même publie

« Qu'il n'est rien si beau que Clélie. »

PLUTON.

Le fou! le fou! Ne viendra-t-il point à la fin une personne raisonnable?

DIOGÈNE.

Vous allez avoir bien de la satisfaction; car je vois entrer la plus illustre de toutes les dames romaines, cette Clélie qui passa le Tibre à la nage pour se dérober du camp de Porsenna, et dont Horatius Coclès, comme vous venez de le voir, est amoureux.

PLUTON.

J'ai cent fois admiré l'audace de cette fille, dans Tite Live. Mais je meurs de peur que Tite Live n'ait encore menti. Qu'en dis-tu, Diogène?

DIOGÈNE.

Écoutez ce qu'elle va vous dire.

CLÉLIE.

Est-il vrai, sage roi des enfers, qu'une troupe de mutins ait osé se soulever contre Pluton, le vertueux Pluton?

PLUTON.

Ah! à la fin nous avons trouvé une personne raisonnable. Oui, ma fille, il est vrai que les criminels dans le Tartare ont pris les armes, et que nous avons envoyé chercher les héros dans les champs élysées et ailleurs pour nous secourir.

CLÉLIE.

Mais, de grâce, seigneur, les rebelles ne songent-ils point à exciter quelque trouble dans le royaume de Tendre? car je serais au désespoir s'ils étaient seulement postés dans le village de Petits-Soins. N'ont-ils point pris Billets-Doux ou Billets-Galants?

PLUTON.

De quel pays parle-t-elle là? Je ne me souviens point de l'avoir vu dans la carte.

DIOGÈNE.

Il est vrai que Ptolomée n'en a point parlé: mais on a fait depuis peu de nouvelles découvertes. Et puis ne voyez-vous pas que c'est du pays de galanterie qu'elle vous parle?

PLUTON.

C'est un pays que je ne connais point.

CLÉLIE.

En effet, l'illustre Diogène raisonne tout-à-fait juste. Car il y a trois sortes de Tendre : Tendre sur Estime, Tendre sur Inclination, et Tendre sur Reconnaissance. Lorsque l'on veut arriver à Tendre sur Estime, il faut aller d'abord au village de Petits-Soins, etc....

PLUTON.

Je vois bien, la belle fille, que vous savez parfaitement la géographie du royaume de Tendre, et qu'à un homme qui vous aimera, vous lui ferez voir bien du pays dans ce royaume. Mais pour moi, qui ne le connais point, et qui ne le veux point connaître, je vous dirai franchement que je ne sais si ces trois villages et ces trois fleuves mènent à Tendre, mais qu'il me parait que c'est le grand chemin des Petites-Maisons.

MINOS.

Ce ne serait pas trop mal fait, non, d'ajouter ce village-là dans la carte de Tendre. Je crois que ce sont ces terres inconnues dont on y veut parler.

PLUTON.

Mais vous, tendre mignonne, vous êtes donc aussi amoureuse, à ce que je vois?

CLÉLIE.

Oui, seigneur; je vous concède que j'ai pour Aronce une amitié qui tient de l'amour vérita-

ble : aussi faut-il avouer que cet admirable fils du
roi de Clusium a en toute sa personne je ne sais
quoi de si extraordinaire et de si peu imaginable,
qu'à moins que d'avoir une dureté de cœur inconcevable ; on ne peut pas s'empêcher d'avoir
pour lui une passion tout-à-fait raisonnable. Car
enfin....

PLUTON.

Car enfin, car enfin.... Je vous dis, moi, que
j'ai pour toutes les folles une aversion inexpli-
cable ; et que quand le fils du roi de Clusium aurait un charme inimaginable, avec votre langage inconcevable, vous me feriez plaisir de
vous en aller, vous et votre galant, au diable. A
la fin la voilà partie. Quoi ! toujours des amoureux ! Personne ne s'en sauvera ; et un de ces
jours nous verrons Lucrèce galante.

DIOGÈNE.

Vous en allez avoir le plaisir tout-à-l'heure ;
car voici Lucrèce en personne.

PLUTON.

Ce que j'en disais n'est que pour rire : à Dieu
ne plaise que j'aie une si basse pensée de la plus
vertueuse personne du monde !

DIOGÈNE.

Ne vous y fiez pas. Je lui trouve l'air bien co-
quet. Elle a, ma foi, les yeux fripons.

PLUTON.

Je vois bien, Diogène, que tu ne connais pas
Lucrèce. Je voudrais que tu l'eusses vue, la première fois qu'elle entra ici, toute sanglante et
tout échevelée. Elle tenait un poignard à la
main : elle avait le regard farouche ; et la colère
était encore peinte sur son visage, malgré les
pâleurs de la mort. Jamais personne n'a porté la
chasteté plus loin qu'elle. Mais, pour t'en convaincre, il ne faut que lui demander à elle-même

ce qu'elle pense de l'amour. Tu verras. Dites-
nous donc, Lucrèce ; mais expliquez-vous clairement : croyez-vous qu'on doive aimer ?

LUCRÈCE, *tenant des tablettes à la main.*

Faut-il absolument sur cela vous rendre une
réponse exacte et décisive ?

PLUTON.

Oui.

LUCRÈCE.

Tenez, la voilà clairement énoncée dans ces
tablettes. Lisez.

PLUTON, *lisant.*

« Toujours. l'on. si. mais. aimait. d'éternelles.
« hélas. amours. d'aimer. doux. il. point. serait.
« n'est. qu'il. ». Que veut dire ce galimatias ?

LUCRÈCE.

Je vous assure, Pluton, que je n'ai jamais rien
dit de mieux ni de plus clair.

PLUTON.

Je vois bien que vous avez accoutumé de parler fort clairement. Peste soit de la folle ! Où a-t-
on jamais parlé comme cela ? POINT. MAIS. SI.
D'ÉTERNELLES. Et où veut-elle que j'aille chercher un Œdipe pour m'expliquer cette énigme ?

DIOGÈNE.

Il ne faut pas aller fort loin. En voici un qui
entre, et qui est fort propre à vous rendre cet
office.

PLUTON.

Qui est-il ?

DIOGÈNE.

C'est Brutus, celui qui délivra Rome de la ty-
rannie des Tarquins.

PLUTON.

Quoi ! cet austère Romain qui fit mourir ses
enfants pour avoir conspiré contre leur patrie ?
Lui, expliquer des énigmes ? Tu es bien fou,
Diogène.

7*

DIOGÈNE.

Je ne suis point fou. Mais Brutus n'est pas non plus cet austère personnage que vous vous imaginez. C'est un esprit naturellement tendre et passionné, qui fait de fort jolis vers, et les billets du monde les plus galants.

MINOS.

Il faudrait donc que les paroles de l'énigme fussent écrites, pour les lui montrer.

DIOGÈNE.

Que cela ne vous embarrasse point. Il y a long-temps que ces paroles sont écrites sur les tablettes de Brutus. Des héros comme lui sont toujours fournis de tablettes.

PLUTON.

Hé bien, Brutus, nous donnerez-vous l'explication des paroles qui sont sur vos tablettes?

BRUTUS.

Volontiers. Regardez bien. Ne les sont-ce pas là? « Toujours. l'on. si. mais. etc. »

PLUTON.

Ce les sont là elles-mêmes.

BRUTUS.

Continuez donc de lire. Les paroles suivantes non-seulement vous feront voir que j'ai d'abord conçu la finesse des paroles embrouillées de Lucrèce, mais elles contiennent la réponse précise que j'y ai faite.

« Moi. nos. verrez. vous. de. permettez. d'éter-
« nelles. jours. qu'on. merveille. peut. amours.
« d'aimer. voir. »

PLUTON.

Je ne sais pas si ces paroles se répondent juste les unes aux autres: mais je sais bien que ni les unes ni les autres ne s'entendent, et que je ne suis pas d'humeur à faire le moindre effort d'esprit pour les concevoir.

DIOGÈNE.

Je vois bien que c'est à moi de vous expliquer tout ce mystère. Le mystère est que ce sont des paroles transposées. Lucrèce, qui est amoureuse et aimée de Brutus, lui dit en mots transposés :

Qu'il serait doux d'aimer, si l'on aimait toujours !
Mais, hélas ! il n'est point d'éternelles amours.

Et Brutus pour le rassurer, lui dit en d'autres termes transposés :

Permettez-moi d'aimer, merveille de nos jours.
Vous verrez qu'on peut voir d'éternelles amours.

PLUTON.

Voilà une grosse finesse ! Il s'ensuit de là que tout ce qui se peut dire de beau est dans les dictionnaires : il n'y a que les paroles qui sont transposées. Mais est-il possible que des personnes du mérite de Brutus et de Lucrèce en soient venues à cet excès d'extravagance, de composer de semblables bagatelles ?

DIOGÈNE.

C'est pourtant par ces bagatelles qu'ils ont fait connaître l'un et l'autre qu'ils avaient infiniment d'esprit.

PLUTON.

Et c'est par ces bagatelles, moi, que je reconnais qu'ils ont infiniment de folie. Qu'on les chasse. Pour moi, je ne sais tantôt plus où j'en suis. Lucrèce amoureuse ! Lucrèce coquette ! Et Brutus son galant ! Je ne désespère pas un de ces jours de voir Diogène lui-même galant.

DIOGÈNE.

Pourquoi non ? Pythagore l'était bien.

PLUTON.

Pythagore était galant ?

DIOGÈNE.

Oui, et ce fut de Théano sa fille, formée par lui à la galanterie, ainsi que le raconte le généreux Herminius dans l'histoire de la vie de Brutus; ce fut, dis-je, de Théano que cet illustre Romain apprit ce beau symbole, qu'on a oublié d'ajouter aux autres symboles de Pythagore : « Que c'est à pousser les beaux sentiments pour » une maîtresse, et à faire l'amour, que se per- « fectionne le grand philosophe. »

PLUTON.

J'entends. Ce fut de Théano qu'il sut que c'est la folie qui fait la perfection de la sagesse. O l'admirable précepte ! Mais laissons là Théano. Quelle est cette précieuse renforcée que je vois qui vient à nous?

DIOGÈNE.

C'est Sapho, cette fameuse Lesbienne qui a inventé les vers saphiques.

PLUTON.

On me l'avait dépeinte si belle ! Je la trouve bien laide.

DIOGÈNE.

Il est vrai qu'elle n'a pas le teint fort uni, ni les traits du monde les plus réguliers. Mais prenez garde qu'il y a une grande opposition du blanc et du noir de ses yeux, comme elle le dit elle-même dans l'histoire de sa vie.

PLUTON.

Elle se donne là un bizarre agrément ; et Cerbère, selon elle, doit donc passer aussi pour beau, puisqu'il a dans les yeux la même opposition.

DIOGÈNE.

Je vois qu'elle vient à vous. Elle a sûrement quelque question à vous faire:

SAPHO.

Je vous supplie, sage Pluton, de m'expliquer fort au long ce que vous pensez de l'amitié, et si vous croyez qu'elle soit capable de tendresse aussi bien que l'amour. Car ce fut le sujet d'une généreuse conversation que nous eûmes l'autre jour avec le sage Démocède et l'agréable Phaon. De grâce, oubliez donc pour quelque temps le soin de votre personne et de votre état; et, au lieu de cela, songez à me bien définir ce que c'est que cœur tendre, tendresse d'amitié, tendresse d'amour, tendresse d'inclination, et tendresse de passion.

MINOS.

Oh! celle-ci est la plus folle de toutes. Elle a la mine d'avoir gâté toutes les autres.

PLUTON.

Mais regardez cette impertinente! C'est bien le temps de résoudre des questions d'amour, que le jour d'une révolte!

DIOGÈNE.

Vous avez pourtant autorité pour le faire : et tous les jours les héros que vous venez de voir, sur le point de donner une bataille où il s'agit du tout pour eux, au lieu d'employer le temps à encourager les soldats, et à ranger leurs armées, s'occupent à entendre l'histoire de Timarète ou de Bérélise, dont la plus haute aventure est quelquefois un billet perdu, ou un bracelet égaré.

PLUTON.

Ho bien! s'ils sont fous, je ne veux pas leur ressembler, et principalement à cette précieuse ridicule.

SAPHO.

Eh! de grâce, seigneur, défaites-vous de cet air grossier et provincial de l'enfer, et songez à prendre l'air de la belle galanterie de Carthage et de Capoue. A vous dire le vrai, pour décider un point aussi important que celui que je vous propose, je souhaiterais fort que toutes nos généreuses amies et nos illustres amis fussent ici. Mais, en leur absence, le sage Minos représentera le discret Phaon, et l'enjoué Diogène le galant Esope.

PLUTON.

Attends, attends, je m'en vais te faire venir ici une personne avec qui lier conversation. Qu'on m'appelle Tisiphone.

SAPHO.

Qui? Tisiphone? Je la connais, et vous ne serez peut-être pas fâché que je vous en fasse voir le portrait que j'ai déjà composé par précaution, dans le dessein où je suis de l'insérer dans quelqu'une des histoires que nous autres faiseurs et faiseuses de romans sommes obligés de raconter à chaque livre de notre roman.

PLUTON.

Le portrait d'une furie! Voilà un étrange projet.

DIOGÈNE.

Il n'est pas si étrange que vous pensez. En effet, cette même Sapho que vous voyez a peint dans ses ouvrages beaucoup de ses généreuses amies, qui ne surpassent guère en beauté Tisiphone, et qui néanmoins, à la faveur des mots galants et des façons de parler élégantes et précieuses qu'elle jette dans leurs peintures, ne laissent pas de passer pour de dignes héroïnes de roman.

MINOS.

Je ne sais si c'est curiosité ou folie : mais je vous avoue que je meurs d'envie de voir un si bizarre portrait.

PLUTON.

Hé bien donc, quelle vous le montre, j'y consens. Il faut bien vous contenter. Nous allons voir comment elle s'y prendra pour rendre la plus effroyable des Euménides agréable et gracieuse.

DIOGÈNE.

Ce n'est pas une affaire pour elle, et elle a déjà
fait un pareil chef-d'œuvre en peignant la vertueuse Arricidie. Écoutons donc ; car je la vois
qui tire le portrait de sa poche.

SAPHO , *lisant.*

L'illustre fille dont j'ai à vous entretenir a en
toute sa personne je ne sais quoi de si furieusement extraordinaire , et de si terriblement merveilleux, que je ne suis pas médiocrement em-
barrassée quand je songe à vous en tracer le
portrait.

MINOS.

Voilà les adverbes FURIEUSEMENT et TERRIBLE-
MENT qui sont , à mon avis , bien placés et tout-à-
fait en leur lieu.

SAPHO *continue de lire.*

Tisiphone a naturellement la taille fort haute,
et passant de beaucoup la mesure des personnes
de son sexe ; mais pourtant si dégagée, si libre,
et si bien proportionnée en toutes ses parties,
que son énormité même lui sied admirablement
bien. Elle a les yeux petits, mais pleins de feu,
vifs, perçants, et bordés d'un certain vermillon
qui en relève prodigieusement l'éclat. Ses cheveux sont naturellement bouclés et annelés ; et
l'on peut dire que ce sont autant de serpents qui
s'entortillent les uns dans les autres , et se jouent
nonchalamment autour de son visage. Son teint
n'a point cette candeur fade et blanchâtre des
femmes de Scythie, mais il tient beaucoup de ce
brun mâle et noble que donne le soleil aux Afri-
caines qu'il favorise le plus près de ses regards.
Son sein est composé de deux demi-globes brûlés
par le bout comme ceux des Amazones, et qui,
s'éloignant le plus qu'ils peuvent de sa gorge, se
vont négligemment et languissamment perdre

sous ses deux bras. Tout le reste de son corps est
presque composé de la même sorte. Sa démarche
est extrêmement noble et fière. Quand il faut se
hâter, elle vole plutôt qu'elle ne marche, et je
doute qu'Atalante la pût devancer à la course.
Au reste, cette vertueuse fille est naturellement
ennemie du vice, surtout des grands crimes,
qu'elle poursuit partout un flambeau à la main, et
qu'elle ne laisse jamais en repos, secondée en
cela par ses deux illustres sœurs, Alecto et Mé-
gère, qui n'en sont pas moins ennemies qu'elle ;
et l'on peut dire de ces trois sœurs, que c'est une
morale vivante.

DIOGÈNE.

Hé bien, n'est-ce pas là un portrait merveilleux?

PLUTON.

Sans doute, et la laideur y est peinte dans toute
sa perfection, pour ne pas dire dans toute sa
beauté. Mais c'est assez écouter cette extrava-
gante. Continuons la revue de nos héros; et sans
plus nous donner la peine, comme nous avons
fait jusqu'ici, de les interroger l'un après l'autre,
puisque les voilà tous reconnus véritablement in-
sensés, contentons-nous de les voir passer devant cette balustrade, et de les conduire exactement de l'œil dans mes galeries, afin que je sois
sûr qu'ils y sont. Car je défends d'en laisser sortir aucun que je n'aie précisément déterminé ce
que je veux qu'on en fasse. Qu'on les laisse donc
entrer, et qu'ils viennent maintenant tous en
foule. En voilà bien, Diogène. Tous ces héros
sont-ils connus dans l'histoire?

DIOGÈNE.

Non ; il y en a beaucoup de chimériques mêlés parmi eux.

PLUTON.

Des héros chimériques! et sont-ce des héros?

DIOGÈNE.

Comment! si ce sont des héros! Ce sont eux qui ont toujours le haut bout dans les livres, et qui battent infailliblement les autres.

PLUTON.

Nomme-m'en par plaisir quelques-uns.

DIOGÈNE.

Volontiers. Orondate, Spitridate, Alcamène, Mélinte, Britomare, Merindor, Artaxandre, etc.

PLUTON.

Et tous ces héros-là ont-ils fait vœu, comme les autres, de ne jamais s'entretenir que d'amour?

DIOGÈNE.

Cela serait beau qu'ils ne l'eussent pas fait! Et de quel droit se diraient-ils héros, s'ils n'étaient point amoureux? N'est-ce pas l'amour qui fait aujourd'hui la vertu héroïque?

PLUTON.

Quel est ce grand innocent qui s'en va des derniers, et qui a la mollesse peinte sur le visage? Comment t'appelles-tu?

ASTRATE.

Je m'appelle Astrate (1).

PLUTON.

Que viens-tu chercher ici?

ASTRATE.

Je veux voir la reine.

PLUTON.

Mais admirez cet impertinent. Ne diriez-vous pas que j'ai une reine que je garde ici dans une boîte, et que je montre à tous ceux qui la veulent voir? Qu'es-tu, toi? As-tu jamais été?

(1) Dans le temps que je fis ce dialogue, on jouait à l'hôtel de Bourgogne, l'Astrate de M. Quinault, et l'Ostorius de l'abbé de Pure.

ASTRATE.

Oui-da, j'ai été, et il y a un historien latin qui dit de moi en propres termes, ASTRATUS VIXIT, Astrate a vécu.

PLUTON.

Est-ce là tout ce qu'on trouve de toi dans l'histoire ?

ASTRATE.

Oui ; et c'est sur ce bel argument qu'on a composé une tragédie intitulée du nom d'ASTRATE, où les passions tragiques sont maniées si adroitement, que les spectateurs y rient à gorge déployée depuis le commencement jusqu'à la fin, tandis que moi j'y pleure toujours, ne pouvant obtenir que l'on m'y montre une reine dont je suis passionnément épris.

PLUTON.

Oh bien, va-t'en dans ces galeries voir si cette reine y est. Mais quel est ce grand mal bâti de Romain qui vient après ce chaud amoureux ? Peut-on savoir son nom ?

OSTORIUS.

Mon nom est Ostorius.

PLUTON.

Je ne me souviens point d'avoir jamais nulle part lu ce nom-là dans l'histoire.

OSTORIUS.

Il y est pourtant. L'abbé de Pure assure qu'il l'y a lu.

PLUTON.

Voilà un merveilleux garant ! Mais, dis-moi, appuyé de l'abbé de Pure, comme tu es, as tu fait quelque figure dans le monde ? T'y a-t-on jamais vu ?

OSTORIUS.

Oui-da; et, à la faveur d'une pièce de théâtre

que cet abbé a faite de moi, on m'a vu à l'hôtel de Bourgogne (1).

PLUTON.

Combien de fois?

OSTORIUS.

Hé! une fois.

PLUTON.

Retourne-t'y-en.

OSTORIUS.

Les comédiens ne veulent plus de moi.

PLUTON.

Crois-tu que je m'accommode mieux de toi qu'eux? Allons, déloge d'ici au plus vîte, et va te confiner dans mes galeries. Voici encore une héroïne qui ne se hâte pas trop, ce me semble, de s'en aller. Mais je lui pardonne : car elle me paraît si lourde de sa personne, et si pesamment armée, que je vois bien que c'est la difficulté de marcher, plutôt que la répugnance à m'obéir, qui l'empêche d'aller plus vîte. Qui est-elle?

DIOGÈNE.

Pouvez-vous ne pas reconnaître la Pucelle d'Orléans?

PLUTON.

C'est donc là cette vaillante fille qui délivra la France du joug des Anglais?

DIOGÈNE.

C'est elle-même.

PLUTON.

Je lui trouve la physionomie bien plate et bien peu digne de tout ce qu'on dit d'elle.

DIOGÈNE.

Elle tousse, et s'approche de la balustrade. Ecoutons. C'est assurément une harangue qu'elle vous vient faire; et une harangue en vers; car elle ne parle plus qu'en vers.

_____

(1) Théâtre où l'on jouait autrefois.

PLUTON.

A-t-elle en effet du talent pour la poésie?

DIOGÈNE.

Vous l'allez voir.

LA PUCELLE.

« O grand prince, que grand dès cette heure j'appelle,

« Il est vrai, le respect sert de bride à mon zèle :

« Mais ton illustre aspect me redouble le cœur,

« Et me le redoublant, me redouble la peur.

« A ton illustre aspect mon cœur se sollicite,

« Et grimpant contre mont, la dure terre quitte.

« O que n'ai-je le ton désormais assez fort

« Pour aspirer à toi sans te faire de tort !

« Pour toi puis-je avoir une mortelle pointe

« Vers où l'épaule gauche à la gorge est conjointe

« Que le coup brisât l'os, et fît pleuvoir le sang

« De la temple, du dos, de l'épaule et du
flanc (1) ! »

PLUTON.

Quelle langue vient-elle de parler?

DIOGÈNE.

Belle demande ! française.

PLUTON.

Quoi ! c'est du français qu'elle a dit ! Je croyais
que ce fût du bas-breton ou de l'allemand. Qui
lui a appris cet étrange français-là?

DIOGÈNE.

C'est un poète chez qui elle a été en pension
quarante ans durant.

PLUTON.

Voilà un poète qui l'a bien mal élevée !

DIOGÈNE.

Ce n'est pas manque d'avoir été bien payé, et
d'avoir exactement touché ses pensions.

---

(1) Vers extraits de la *Pucelle*.

PLUTON.

Voilà de l'argent bien mal employé. Hé! Pucelle d'Orléans, pourquoi vous êtes-vous chargé la mémoire de ces grands vilains mots, vous qui ne songiez autrefois qu'à délivrer votre patrie, et qui n'aviez d'objet que la gloire?

LA PUCELLE.

La gloire?
« Un seul endroit y mène, et de ce seul endroit
« Droite et roide.... »

PLUTON.

Ah! elle m'écorche les oreilles.

LA PUCELLE.

« Droite et roide est la côte et le sentier étroit. »

PLUTON.

Quels vers, juste ciel! Je n'en puis pas entendre prononcer un, que ma tête ne soit prête à se fendre.

LA PUCELLE.

« De flèches toutefois aucune ne l'atteint;
« Où pourtant l'atteignant, de son sang ne se teint. »

PLUTON.

Encore! J'avoue que de toutes les héroïnes qui ont paru en ce lieu, celle-ci me paraît beaucoup la plus insupportable. Vraiment elle ne prêche pas la tendresse. Tout en elle n'est que dureté et que sécheresse; et elle me paraît plus propre à glacer l'âme qu'à inspirer l'amour.

DIOGÈNE.

Elle en a pourtant inspiré au vaillant Dunois.

PLUTON.

Elle! inspirer de l'amour au cœur de Dunois!

DIOGÈNE.

Oui assurément.
Au grand cœur de Dunois, le plus grand de la terre,
Grand cœur, qui dans lui seul deux grands amours enserre,

Mais il faut savoir quel amour. Dunois s'en explique ainsi lui-même en un endroit du poëme fait pour cette merveilleuse fille :

Pour ces célestes yeux, pour ce front magnanime,
Je n'ai que du respect, je n'ai que de l'estime;
Je n'en souhaite rien, et si j'en suis amant,
D'un amour sans désir je l'aime seulement.
Et soit. Consumons-nous d'une flamme si belle;
Brûlons en holocauste aux yeux de la Pucelle.

Ne voilà-t-il pas une passion bien exprimée ? et le mot d'holocauste n'est-il pas tout-à-fait bien placé dans la bouche d'une guerrier comme Dunois?

PLUTON.

Sans doute; et cette vertueuse guerrière peut innocemment, avec de tels vers, aller tout de ce pas, si elle veut, inspirer un pareil amour à tous les héros qui sont dans ces galeries. Je ne crains pas que cela leur amollisse l'âme. Mais du reste qu'elle s'en aille : car je tremble qu'elle ne me veuille encore réciter quelques-uns de ses vers, et je ne suis pas résolu de les entendre. La voilà enfin partie. Je ne vois plus ici aucun héros, ce me semble. Mais non, je me trompe : en voici encore un qui demeure immobile derrière cette porte. Vraisemblablement il n'a pas entendu que je voulais que tout le monde sortît. Le connais-tu, Diogène?

DIOGÈNE.

C'est Pharamond, le premier roi des Français.

PLUTON.

Que dit-il? il parle en lui-même.

PHARAMOND.

Vous le savez bien, divine Rosemonde, que pour vous aimer je n'attendis pas que j'eusse le bonheur de vous connaître; et que c'est sur le seul récit de vos charmes, fait par un de mes

rivaux, que je devins si ardemment épris de
vous.
PLUTON.
Il semble que celui-ci soit devenu amoureux
avant que de voir sa maîtresse.
DIOGÈNE.
Assurément il ne l'avait point vue.
PLUTON.
Quoi! il est devenu amoureux d'elle sur son
portrait?
DIOGÈNE.
Il n'avait pas même vu son portrait.
PLUTON.
Si ce n'est là une vraie folie, je ne sais pas ce
qui peut l'être. Mais, dites-moi, vous, amoureux
Pharamond, n'êtes-vous pas content d'avoir
fondé le plus florissant royaume de l'Europe, et
de pouvoir compter au rang de vos successeurs
le roi qui y règne aujourd'hui? Pourquoi vous
êtes-vous allé mal-à-propos embarrasser l'esprit
de la princesse Rosemonde?
PHARAMOND.
Il est vrai, seigneur. Mais l'amour....
PLUTON.
Ho! l'amour! l'amour! Va exagérer, si tu veux,
les injustices de l'amour dans mes galeries. Mais
pour moi, le premier qui m'en viendra encore
parler, je lui donnerai de mon sceptre tout au
travers du visage. En voilà un qui entre. Il faut
que je lui casse la tête.
MINOS.
Prenez garde à ce que vous allez faire. Ne
voyez-vous pas que c'est Mercure?
PLUTON.
Ah! Mercure, je vous demande pardon. Mais
ne venez-vous point aussi me parler d'amour?
MERCURE.
Vous savez bien que je n'ai jamais fait l'amour

pour moi-même. La vérité est que je l'ai fait quelquefois pour mon père Jupiter, et qu'en sa faveur autrefois j'endormis si bien le bon Argus, qu'il ne s'est jamais réveillé. Mais je viens vous apporter une bonne nouvelle. C'est qu'à peine l'artillerie que je vous amène a paru, que vos ennemis se sont rangés dans le devoir. Vous n'avez jamais été roi plus paisible de l'enfer que vous l'êtes.

PLUTON.

Divin messager de Jupiter, vous m'avez rendu la vie. Mais, au nom de notre proche parenté, dites-moi, vous qui êtes le dieu de l'éloquence, comment vous avez souffert qu'il se soit glissé dans l'un et dans l'autre monde une si impertinente manière de parler que celle qui règne aujourd'hui, surtout en ces livres qu'on appelle romans ; et comment vous avez permis que les plus grand héros de l'antiquité parlassent ce langage?

MERCURE.

Hélas! Apollon et moi, nous sommes des dieux qu'on n'invoque presque plus ; et la plupart des écrivains d'aujourd'hui ne connaissent pour leur véritable patron qu'un certain Phébus, qui est bien le plus impertinent personnage qu'on puisse voir. Du reste, je viens vous avertir qu'on vous a joué une pièce.

PLUTON.

Une pièce à moi! Comment?

MERCURE.

Vous croyez que les vrais héros sont venus ici ?

PLUTON.

Assurément, je le crois, et j'en ai de bonnes preuves, puisque je les tiens encore ici tous renfermés dans les galeries de mon palais.

MERCURE.

Vous sortirez d'erreur quand je vous dirai que

c'est une troupe de faquins, ou plutôt de fantô-
mes chimériques, qui, n'étant que de fades co-
pies de beaucoup de personnages modernes, ont
eu pourtant l'audace de prendre le nom des plus
grands héros de l'antiquité, mais dont la vie a
été fort courte, et qui errent maintenant sur les
bords du Cocyte et du Styx. Je m'étonne que vous
y ayez été trompé. Ne voyez-vous pas que ces
gens-là n'ont nul caractère de héros? Tout ce
qui les soutient aux yeux des hommes, c'est un
certain oripeau et un faux clinquant de paroles,
dont les ont habillés ceux qui ont écrit leur vie,
et qu'il n'y a qu'à leur ôter pour les faire paraître tels qu'ils sont. J'ai même amené des champs
élysées, en venant ici, un Français pour les reconnaître quand ils seront dépouillés : car je me
persuade que vous consentirez sans peine qu'ils
le soient.

PLUTON.

J'y consens si bien que je veux que sur-le-
champ la chose ici soit exécutée. Et pour ne
point perdre de temps, gardes, qu'on les fasse
de ce pas sortir tous de mes galeries par les portes dérobées, et qu'on les amène tous dans la
grande place. Pour nous, allons nous mettre sur
le balcon de cette fenêtre basse, d'où nous pour-
rons les contempler et leur parler tout à notre
aise. Qu'on y porte nos siéges. Mercure, mettez-
vous à ma droite; et vous, Minos, à ma gauche;
et que Diogène se tienne derrière nous.

MINOS.

Les voilà qui arrivent en foule.

PLUTON.

Y sont-ils tous?

UN GARDE.

On n'en a laissé aucun dans les galeries.

2. 8

PLUTON.

Accourez donc, vous tous, fidèles exécuteurs de mes volontés, spectres, larves, démons, furies, milices infernales que j'ai fait assembler. Qu'on m'entoure tous ces prétendus héros, et qu'on me les dépouille.

CYRUS.

Quoi ! vous ferez dépouiller un conquérant comme moi.

PLUTON.

Hé ! de grâce, généreux Cyrus, il faut que vous passiez le pas.

HORATIUS COCLÈS.

Quoi ! un Romain comme moi, qui a défendu lui seul un pont contre toutes les forces de Porsenna, vous ne le considérerez pas plus qu'un coupeur de bourses ?

PLUTON.

Je m'en vais te faire chanter.

ASTRATE.

Quoi ! un galant aussi tendre et aussi passionné que moi, vous le ferez maltraiter ?

PLUTON.

Je m'en vais te faire voir la reine. Ah ! les voilà dépouillés.

MERCURE.

Où est le Français que j'ai amené ?

LE FRANÇAIS.

Me voilà, seigneur. Que souhaitez-vous ?

MERCURE.

Tiens, regarde bien tous ces gens-là ; les connais-tu ?

LE FRANÇAIS.

Si je les connais ? Hé ! ce sont tous la plûpart des bourgeois de mon quartier. Bonjour, madame Lucrèce. Bonjour, monsieur Brutus. Bonjour, mademoiselle Clélie. Bonjour monsieur Horatius Coclès.

PLUTON.

Tu vas voir accommoder tes bourgeois de toutes pièces. Allons, qu'on ne les épargne point ;
et qu'après qu'ils auront été abondamment fusti-
gés, on me les conduise tous sans différer droit
aux bords du fleuve de Léthé (1). Puis, lorsqu'ils
y seront arrivés, qu'on me les jette tous, la tête
la première, dans l'endroit du fleuve le plus
profond, eux, leurs billets doux, leurs lettres
galantes, leurs vers passionnés, avec tous les
nombreux volumes, ou, pour mieux dire, les
monceaux de ridicule papier où sont écrites leurs
histoires. Marchez donc, faquins, autrefois si
grands héros. Vous voilà arrivés à votre fin, ou,
pour mieux dire, au dernier acte de la comédie
que vous avez jouée si peu de temps.

CHOEUR DE HÉROS *s'en allant chargés d'escourgées.*

Ah ! la Calprenède ! Ah ! Scuderi !

PLUTON.

Hé ! que ne les tiens-je ! que ne les tiens-je !
Ce n'est pas tout, Minos. Il faut que vous vous
en alliez tout de ce pas donner ordre que la
même justice se fasse sur tous leurs pareils dans
les autres provinces de mon royaume.

MINOS.

Je me charge avec plaisir de cette commis-
sion.

MERCURE.

Mais voici les véritables héros qui arrivent, et
qui demandent à vous entretenir. Ne voulez-vous
pas qu'on les introduise ?

PLUTON.

Je serai ravi de les voir. Mais je suis si fatigué
des sottises que m'ont dites tous ces impertinents
usurpateurs de leurs noms, que vous trouverez
bon qu'avant tout j'aille faire un somme.

_____

(1) Fleuve de l'Oubli.

ARRÊT BURLESQUE

Donné en la grand'chambre du Parnasse, en fa-
veur des maîtres-ès-arts, médecins et profes-
seurs de l'université de Stagire (1), au pays
des Chimères, pour le maintien de la doctrine
d'Aristote.

Vu par la cour la requête (2) présentée par les
régents, maîtres-ès-arts, docteurs et professeurs
de l'université, tant en leurs noms, que comme
tuteurs et défenseurs de la doctrine de maître...
Aristote, ancien professeur royal en grec dans
le collége du Lycée, et précepteur du feu roi de
querelleuse mémoire, Alexandre dit le Grand,
acquéreur de l'Asie, Europe, Afrique et autres
lieux ; contenant que, depuis quelques années,
une inconnue, nommée la Raison, aurait entrepris d'entrer par force dans les écoles de ladite
université ; et pour cet effet, à l'aide de certains
quidams factieux, prenant les surnoms de Gas-
sendistes, Cartésiens, Malebranchistes et Pour-
chotistes, gens sans aveu, se serait mise en état
d'en expulser ledit Aristote, ancien et paisible
possesseur desdites écoles, contre lequel elle et
ses consorts auraient déjà publié plusieurs livres,
traités, dissertations, et raisonnements diffama-
toires, voulant assujettir ledit Aristote à subir
devant elle l'examen de sa doctrine ; ce qui serait directement opposé aux lois, us et coutumes

---

(1) Ville de Macédoine, sur la mer Egée, et patrie
d'Aristote.
(2) L'université de Paris avait présenté requête au
parlement pour empêcher qu'on enseignât la philosophie de Descartes. La requête fut supprimée, et
Bernier en fit imprimer une de sa façon.

de ladite université, où ledit Aristote aurait
toujours été reconnu pour juge sans appel et non
comptable de ses opinions. Que même, sans l'a-
veu d'icelui, elle aurait changé et innové plusieurs choses en et au-dedans de la nature,
ayant ôté au cœur la prérogative d'être le principe des nerfs, que ce philosophe lui avait ac-
cordée libéralement et de son bon gré, et laquelle elle aurait cédée et transportée au cerveau. Et ensuite, par une procédure nulle de
toute nullité, aurait attribué audit cœur la charge
de recevoir le chyle, appartenant ci-devant au
foie ; comme aussi de faire voiturer le sang par
tout le corps, avec plein pouvoir audit sang d'y
vaguer, errer et circuler impunément par les
veines et artères, n'ayant autre droit ni titre
pour faire lesdites vexations, que la seule expérience, dont le témoignage n'a jamais été reçu
dans lesdites écoles. Aurait aussi attenté ladite
Raison, par une entreprise inouie, de déloger
le feu de la plus haute région du ciel, et prétendu qu'il n'avait là aucun domicile, nonobstant les certificats dudit philosophe, et les visites
et descentes faites par lui sur les lieux. Plus,
par un attentat et voie de fait énorme contre la
faculté de médecine, se serait ingérée de guérir,
et aurait réellement et de fait guéri quantité de
fièvres intermittentes, comme tierces, double-
tierces, quartes, triple-quartes, et même continues, avec vin pur, poudre, écorce de quinquina, et autres drogues inconnues audit Aristote, et à Hippocrate son devancier, et ce sans
saignée, purgation ni évacuation précédentes ;
ce qui est non-seulement irrégulier, mais tor-
tionnaire et abusif ; ladite Raison n'ayant jamais
été admise ni agrégée au corps de ladite faculté,

8*

et ne pouvant par-conséquent consulter avec les
docteurs d'icelle, ni être consultée par eux,
comme elle ne l'a en effet jamais été. Nonobstant quoi, et malgré les plaintes et oppositions
réitérées des sieurs Blondel (1), Courtois (2),
Denyau (3), et autres défenseurs de la bonne doctrine, elle n'aurait pas laissé de se servir toujours desdites drogues, ayant eu la hardiesse de
les employer sur les médecins mêmes de ladite
faculté, dont plusieurs, au grand scandale des
règles, ont été guéris par lesdits remèdes : ce
qui est d'un exemple très-dangereux, et ne peut
avoir été fait que par mauvaises voies, sortilèges, et pactes avec le diable. Et non contente
de ce, aurait entrepris de diffamer et de bannir
des écoles de philosophie les formalités, maté-
rialités, entités, identités, virtualités, eccéités,
pétréités, polycarpéités, et autres êtres imagi-
naires, tous enfants et ayant cause de défunt
maître Jean Scot, leur père. Ce qui porterait un
préjudice notable, et causerait la totale subver-
sion de la philosophie scholastique, dont elles
font tout le mystère, et qui tire d'elles toute sa
subsistance, s'il n'y était par la cour pourvu. Vu
les libelles intitulés, Physique de Rohault, Logique de Port-Royal, Traités du quinquina, même
l'ADVERSUS ARISTOTELEOS de Gassendi, et autres
pièces attachées à ladite requête, signée CHICA-
NEAU, procureur de ladite université : Ouï le
rapport du conseiller-commis : Tout considéré :

(1) Blondel a écrit que le bon effet du quinquina
venait des pactes que les Américains avaient faits
avec le diable.

(2) Courtois, médecin, aimait fort la saignée.

(3) Denyau, autre médecin, niait la circulation du
sang.

LA cour, ayant égard à ladite requête, a main-
tenu et gardé, maintient et garde ledit Aristote
en la pleine et paisible possession et jouissance
desdites écoles. Ordonne qu'il sera toujours suivi
et enseigné par les régents, docteurs, maîtres-
ès-arts et professeurs de ladite université, sans
que pour ce ils soient obligés de le lire, ni de
savoir sa langue et ses sentiments. Et sur le
fond de sa doctrine, les renvoie à leurs cahiers.
Enjoint au cœur de continuer d'être le principe
des nerfs, et à toutes personnes, de quelque condition et profession qu'elles soient, de le croire
tel, nonobstant toute expérience à ce contraire.
Ordonne pareillement au chyle d'aller droit au
foie, sans plus passer par le cœur, et au foie de le
recevoir. Fait défenses au sang d'être plus vaga-
bond, errer ni circuler dans le corps, sous peine
d'être entièrement livré et abandonné à la faculté de médecine. Défend à la Raison et à ses
adhérents de plus s'ingérer à l'avenir de guérir
les fièvres tierces, double-tierces, quartes,
triple-quartes ni continues, par mauvais moyens
et voies de sortilèges, comme vin pur, poudre,
écorce de quinquina, et autres drogues non approuvées ni connues des anciens. Et en cas de
guérisons irrégulières par icelles drogues, permet aux médecins de ladite faculté de rendre,
suivant leur méthode ordinaire, la fièvre aux
malades, avec casse, séné, sirops, juleps, et
autres remèdes propres à ce, et de remettre lesdits malades en tel et semblable état qu'ils étaient
auparavant, pour être ensuite traités selon les
règles; et s'ils n'en réchappent, conduits du
moins en l'autre monde suffisamment purgés et
évacués. Remet les entités, identités, virtualités, eccéités, et autres pareilles formules sco-

tistes, en leur bonne famé et renommée. A
donné acte aux sieurs Blondel, Courtois et Denyau, de leur opposition au bon sens. A réin-
tégré le feu dans la plus haute région du ciel,
suivant et conformément aux descentes faites
sur les lieux. Enjoint à tous régents, maîtres-ès-
arts et professeurs, d'enseigner comme ils ont
accoutumé, et de se servir, pour raison de ce,
de tels raisonnements qu'ils aviseront bon être;
et aux répétiteurs hibernois, et autres leurs
suppôts, de leur prêter main forte, et de courir
sus aux contrevenants, à peine d'être privés
du droit de disputer sur les prolégomènes de
la logique. Et enfin qu'à l'avenir il n'y soit con-
trevenu, a banni à perpétuité la Raison des
écoles de ladite université; lui fait défenses d'y
entrer, troubler ni inquiéter ledit Aristote en la
possession et jouissance d'icelles, à peine d'être
déclarée janséniste et amie des nouveautés. Et
à cet effet sera le présent arrêt lu et publié aux
Mathurins de Stagire, à la première assemblée
qui sera faite pour la procession du recteur, et
affichée aux portes de tous les collèges du Parnasse, et partout où besoin sera. Fait ce trente-
huitième jour d'août onze mil six cent soixante-
quinze.

COLLATIONNÉ AVEC PARAPHE.

REMERCIMENT

A MESSIEURS

DE L'ACADÉMIE FRANÇAISE.

MESSIEURS,

L'HONNEUR que je reçois aujourd'hui est quelque chose pour moi de si grand, de si extraordinaire, de si peu attendu, et tant de sortes de raisons semblaient devoir pour jamais m'en exclure (1), que, dans le moment même où je vous en fais mes remercîments, je ne sais encore ce que je dois croire. Est-il possible, est-il bien vrai que vous m'ayez en effet jugé digne d'être admis dans cette illustre compagnie, dont le fameux établissement ne fait guère moins d'honneur à la mémoire du cardinal de Richelieu, que tant de choses merveilleuses qui ont été exécutées sous son ministère ? Et que penserait ce grand homme ; que penserait ce sage chancelier qui a possédé après lui la dignité de votre protecteur, et après lequel vous avez jugé ne pouvoir choisir d'autre protecteur que le roi même ; que penseraient-ils, dis-je, s'ils me voyaient aujourd'hui entrer dans ce corps si célèbre, l'objet de leurs soins et de leur estime, et

_____

(1) L'auteur avait écrit contre plusieurs académiciens.

où, par les lois qu'ils ont établies, par les maximes qu'ils ont maintenues, personne ne doit être reçu qu'il ne soit d'un mérite sans reproche, d'un esprit hors du commun, en un mot, semblable à vous? Mais à qui est-ce encore que je succède dans la place que vous m'y donnez? N'est-ce pas à un homme (1) également considérable et par ses grands emplois et par sa profonde capacité dans les affaires ; qui tenait une des premières places dans le conseil, et qui en tant d'importantes occasions a été honoré de la plus étroite confiance de son prince ; à un magistrat non moins sage qu'éclairé, vigilant, laborieux, et avec lequel, plus je m'examine, moins je me trouve de proportion?

Je sais bien, MESSIEURS, et personne ne l'ignore, que, dans le choix que vous faites des hommes propres à remplir les places vacantes de votre savante assemblée, vous n'avez égard ni au rang ni à la dignité; que la politesse, le savoir, la connaissance des belles-lettres, ouvrent chez vous l'entrée aux honnêtes gens; et que vous ne croyez point remplacer indignement un magistrat du premier ordre, un ministre de la plus haute élévation, en lui substituant un poète célèbre, un écrivain illustre par ses ouvrages, et qui n'a souvent d'autre dignité que celle que son mérite lui donne sur le Parnasse. Mais, en qualité même d'homme de lettres, que puis-je vous offrir qui soit digne de la grâce dont vous m'honorez? Serait-ce un faible recueil de poésies, qu'une témérité heureuse, et quelque adroite imitation des anciens, ont fait valoir, plutôt que la beauté

----

(1) M. de Bezons, conseiller d'état.

des pensées, ni la richesse des expressions? Serait-ce une traduction si éloignée de ces grands
chefs-d'œuvre que vous nous donnez tous les
jours, et où vous faites si glorieusement revivre
les Thucydide, les Xénophon, les Tacite, et tous
ces autres célèbres héros de la savante antiquité?
Non, MESSIEURS, vous connaissez trop bien la
juste valeur des choses, pour payer d'un si grand
prix des ouvrages aussi médiocres que les miens,
et pour m'offrir de vous-mêmes, s'il faut ainsi
dire, sur un si léger fondement, un honneur que
la connaissance de mon peu de mérite ne m'a pas
laissé seulement la hardiesse de demander.

Quelle est donc la raison qui vous a pu inspirer si heureusement pour moi en cette rencontre? Je commence à l'entrevoir; et j'ose me flatter que je ne vous ferai point souffrir en la
publiant. La bonté qu'a eue le plus grand prince
du monde, en voulant bien que je m'employasse
avec un de vos plus illustres écrivains à ramas-
ser en un corps le nombre infini de ses actions
immortelles; cette permission, dis-je, qu'il m'a
donnée, m'a tenu lieu auprès de vous de toutes
les qualités qui me manquent. Elle vous a entièrement déterminés en ma faveur. Oui, MESSIEURS,
quelque juste sujet qui dût pour jamais m'inter-
dire l'entrée de votre académie, vous n'avez pas
cru qu'il fût de votre équité de souffrir qu'un
homme destiné à parler de si grandes choses fût
privé de l'utilité de vos leçons, ni instruit en
d'autre école qu'en la vôtre. Et en cela vous avez
bien fait voir que lorsqu'il s'agit de votre auguste
protecteur, quelque autre considération qui vous
pût retenir d'ailleurs, votre zèle ne vous laisse
plus voir que le seul intérêt de sa gloire.

Permettez pourtant que je vous désabuse, si

vous vous êtes persuadés que ce grand prince, en
m'accordant cette grâce, ait cru rencontrer en
moi un écrivain capable de soutenir en quelque
sorte, par la beauté du style et par la magnificence des paroles, la grandeur de ses exploits.
C'est à vous, MESSIEURS, c'est à des plumes
comme les vôtres, qu'il appartient de faire de
tels chefs-d'œuvre ; et il n'a jamais conçu de moi
une si avantageuse pensée. Mais comme tout ce
qui s'est fait sous son règne tient beaucoup du
miracle et du prodige, il n'a pas trouvé mauvais
qu'au milieu de tant d'écrivains célèbres qui
s'apprêtent à l'envi à peindre ses actions dans
tout leur éclat et avec tous les ornements de l'é-
loquence la plus sublime, un homme sans fard,
et accusé plutôt de trop de sincérité que de flat-
terie, contribuât de son travail et de ses conseils
à bien mettre en jour et dans toute la naïveté
du style le plus simple la vérité de ses actions,
qui, étant si peu vraisemblables d'elles-mêmes,
ont bien plus besoin d'être fidèlement écrites que
fortement exprimées.

En effet, MESSIEURS, lorsque des orateurs et
des poètes, ou des historiens même aussi entre-
prenants quelquefois que les poètes et les orateurs, viendront à déployer sur une matière si
heureuse toutes les hardiesses de leur art, toute
la force de leurs expressions; quand ils diront de
LOUIS-LE-GRAND, à meilleur titre qu'on ne l'a
dit d'un fameux capitaine de l'antiquité, qu'il a
lui seul plus fait d'exploits que les autres n'en
ont lu (1), qu'il a pris plus de villes que les au-

(1) Mot fameux de Cicéron en parlant de Pompée : *Plura bella gessit quàm ceteri legerunt : plures
provincias confecit quàm alii concupiverunt.* (Pro
lege Manilia.)

tres rois n'ont souhaité d'en prendre ; quand ils assureront qu'il n'y a point de potentat sur la terre, quelque ambitieux qu'il puisse être, qui, dans les vœux secrets qu'il fait au ciel, ose lui demander autant de prospérités et de gloire que le ciel en a accordé libéralement à ce prince ; quand ils écriront que sa conduite est maîtresse des évènements, que la Fortune n'oserait contredire ses desseins ; quand ils peindront à la tête de ses armées, marchant à pas de géant au travers des fleuves et des montagnes, foudroyant les remparts, brisant les rocs, terrassant tout ce qui s'oppose à sa rencontre : ces expressions paraîtront sans doute grandes, riches, nobles, accommodées au sujet ; mais, en les admirant, on ne se croira point obligé d'y ajouter foi, et la vérité sous ces ornements pompeux pourra aisément être désavouée ou méconnue.

Mais lorsque des écrivains sans artifice, se contentant de rapporter fidèlement les choses, et avec toute la simplicité de témoins qui déposent, plutôt même que d'historiens qui racontent, exposeront bien tout ce qui s'est passé en France depuis la fameuse paix des Pyrénées, tout ce que le roi a fait pour rétablir dans ses états l'ordre, les lois, la discipline ; quand ils compteront bien toutes les provinces que dans les guerres suivantes il a ajoutées à son royaume, toutes les villes qu'il a conquises, tous les avantages qu'il a eus, toutes les victoires qu'il a remportées sur ses ennemis, l'Espagne, la Hollande, l'Allemagne, l'Europe entière trop faible contre lui seul, une guerre toujours féconde en prospérités, une paix encore plus glorieuse ; quand, dis-je, des plumes sincères, et plus soigneuses de dire vrai que de se faire admirer, articuleront

bien tous ces faits disposés dans l'ordre des temps,
et accompagnés de leurs véritables circonstan-
ces : qui est-ce qui en pourra disconvenir, je ne
dis pas de nos voisins, je ne dis pas de nos alliés,
je dis de nos ennemis mêmes ? Et quand ils n'en
voudraient pas tomber d'accord, leurs puissan-
ces diminuées, leurs états resserrés dans des bor-
nes plus étroites, leurs plaintes, leurs jalousies,
leurs fureurs, leurs invectives même, ne les en
convaincront-ils pas malgré eux ? Pourront-ils
nier que, l'année même où je parle, ce prince voulant les contraindre d'accepter la paix, qu'il leur
offrait pour le bien de la chrétienté, il a tout-
à-coup, et lorsqu'ils le publiaient entièrement
épuisé d'argent et de forces, il a, dis-je, tout-
à-coup fait sortir comme de terre, dans les
Pays-Bas, deux armées de quarante mille hommes
chacune, et les y a fait subsister abondamment,
malgré la disette des fourrages et la sécheresse
de la saison ? Pourront-ils nier que, tandis qu'a-
vec une de ses armées il faisait assiéger Luxembourg, lui-même avec l'autre, tenant toutes les
villes du Hainaut et du Brabant comme bloquées,
par cette conduite toute merveilleuse, ou plutôt
par une espèce d'enchantement semblable à celui
de cette tête si célèbre dans les fables, dont l'aspect convertissait les hommes en rochers, il a
rendu les Espagnols immobiles spectateurs de la
prise de cette place si importante, où ils avaient
mis leur dernière ressource ; que, par un effet
non moins admirable d'un enchantement si prodigieux, cet opiniâtre ennemi de sa gloire, cet
industrieux artisan de ligues et de querelles, qui
travaillait depuis si long-temps à remuer contre
lui toute l'Europe, s'est trouvé lui-même dans
l'impuissance, pour ainsi dire, de se mouvoir, lié
de tous côtés, et réduit pour toute vengeance à

semer des libelles, à pousser des cris et des injures? Nos ennemis, je le répète, pourront-ils nier toutes ces choses? Pourront-ils ne pas avouer qu'au même temps que ces merveilles s'exécutaient dans les Pays-Bas, notre armée navale sur la mer Méditerrannée, après avoir forcé Alger à demander la paix, faisait sentir à Gênes, par un exemple à jamais terrible, la juste punition de ses insolences et de ses perfidies, ensevelissait sous les ruines de ses palais et de ses maisons cette superbe ville, plus aisée à détruire qu'à humilier? Non, sans doute, nos ennemis n'oseraient démentir des vérités si reconnues, surtout lorsqu'ils les verront écrites avec cet air simple et naïf, et dans ce caractère de sincérité et de vraisemblance, qu'au défaut des autres choses je ne désespère pas absolument de pouvoir, au moins en partie, fournir à l'histoire.

Mais comme cette simplicité même, tout ennemie qu'elle est de l'ostentation et du faste, a pourtant son art, sa méthode, ses agréments, où pourrais-je mieux puiser cet art et ses agréments que dans la source même de toutes les délicatesses, dans cette académie qui tient depuis si long-temps en sa possession tous les trésors, toutes les richesses de notre langue? C'est donc, MESSIEURS, ce que j'espère aujourd'hui trouver parmi vous, c'est ce que j'y viens étudier, c'est ce que j'y viens apprendre. Heureux si, par mon assiduité à vous cultiver, par mon adresse à vous faire parler sur ces matières, je puis vous engager à ne me rien cacher de vos connaissances et de vos secrets! Plus heureux encore si, par mes respects et par mes sincères soumissions, je puis parfaitement vous convaincre de l'extrême reconnaissance que j'aurai toute ma vie de l'honneur inespéré que vous m'avez fait!

DISCOURS

SUR

LE STYLE DES INSCRIPTIONS (1).

Les inscriptions doivent être simples, courtes et familières. La pompe ni la multitude des paroles n'y valent rien, et ne sont point propres au style grave, qui est le vrai style des inscriptions. Il est absurde de faire une déclamation autour d'une médaille ou au bas d'un tableau, surtout lorsqu'il s'agit d'actions comme celles du roi, qui, étant d'elles-mêmes toutes grandes et toutes merveilleuses, n'ont pas besoin d'être exagérées.

(1) M. Charpentier, de l'académie française, ayant composé des inscriptions pleines d'emphase, qui furent mises par ordre du roi au bas des tableaux des victoires de ce prince, peints dans la grande galerie de Versailles, par M. Le Brun, M. de Louvois, qui succéda à M. Colbert dans la charge de surintendant des bâtiments, fit entendre à sa majesté que ces inscriptions déplaisaient fort à tout le monde; et pour mieux lui montrer que c'était avec raison, me pria de faire sur cela un mot d'écrit qu'il pût montrer au roi. Ce que je fis aussitôt. Sa majesté lut cet écrit avec plaisir, et l'approuva : de sorte que la saison l'appelant à Fontainebleau, il ordonna qu'en son absence on ôtât toutes ces pompeuses déclamations de M. Charpentier, et qu'on y mît les inscriptions simples qui y sont, que nous composâmes presque sur-le-champ, M. Racine et moi, et qui furent approuvées de tout le monde. C'est cet écrit, fait à la prière de M. de Louvois, que je donne ici au public.

Il suffit d'énoncer simplement les choses pour les faire admirer. « Le passage du Rhin » dit beaucoup plus que « le merveilleux passage du Rhin ». L'épithète de MERVEILLEUX en cet endroit, bien loin d'augmenter l'action, la diminue, et sent son déclamateur qui veut grossir de petites choses. C'est à l'inscription à dire : « Voilà le pas-« sage du Rhin »; et celui qui lit saura bien dire sans elle : « Le passage du Rhin est une des plus « merveilleuses actions qui aient jamais été fai-« tes dans la guerre. » Il le dira même d'autant plus volontiers que l'inscription ne l'aura pas dit avant lui, les hommes naturellement ne pouvant souffrir qu'on prévienne leur jugement, ni qu'on leur impose la nécessité d'admirer ce qu'ils admireront assez d'eux-mêmes.

D'ailleurs, comme les tableaux de la galerie de Versailles sont des espèces d'emblèmes héroïques des actions du roi, il ne faut dans les règles que mettre au bas du tableau le fait historique qui a donné occasion à l'emblème. Le tableau doit dire le reste, et s'expliquer tout seul. Ainsi, par exemple, lorsqu'on aura mis au bas du premier tableau : « Le roi prend lui-même la conduite de « son royaume, et se donne tout entier aux af-faires, 1661 »; il sera aisé de concevoir le dessein du tableau, où l'on voit le roi fort jeune, qui s'éveille au milieu d'une foule de Plaisirs dont il est environné, et qui, tenant de la main un timon, s'apprête à suivre la Gloire qui l'appelle, etc.

Au reste, cette simplicité d'inscriptions est extrêmement du goût des anciens, comme on le peut voir dans les médailles, où ils se contentaient souvent de mettre pour toute explication la date de l'action qui est figurée, ou le consulat

sous lequel elle a été faite, ou tout au plus deux
mots qui apprennent le sujet de la médaille.

Il est vrai que la langue latine dans cette simplicité a une noblesse et une énergie qu'il est difficile d'attraper en notre langue. Mais si l'on n'y
peut atteindre, il faut s'efforcer d'en approcher,
et tout du moins ne pas charger nos inscriptions
d'un verbiage et d'une enflure de paroles, qui,
étant fort mauvaise partout ailleurs, devient surtout insupportable en ces endroits.

Ajoutez à tout cela que ces tableaux étant dans
l'appartement du roi, et ayant été faits par son
ordre, c'est en quelque sorte le roi lui-même qui
parle à ceux qui viennent voir sa galerie. C'est
pour ces raisons qu'on a cherché une grande simplicité dans les nouvelles inscriptions, où l'on ne
met proprement que le titre et la date, et où l'on
a surtout évité le faste et l'ostentation.

LETTRES.

A MONSEIGNEUR LE DUC

DE VIVONNE,

Sur son entrée dans le phare de Messine (1).

MONSEIGNEUR,

SAVEZ-VOUS bien qu'un des plus sûrs moyens pour empêcher un homme d'être plaisant, c'est de lui dire : Je veux que vous le soyez? Depuis que vous m'avez défendu le sérieux, je ne me suis jamais senti si grave, et je ne parle plus que par sentences. Et d'ailleurs votre dernière action a quelque chose de si grand, qu'en vérité je ferais conscience de vous en écrire autrement qu'en style héroïque. Cependant je ne saurais me résoudre à ne vous pas obéir en tout ce que vous m'ordonnez. Ainsi, dans l'humeur où je me trouve, je tremble également de vous fatiguer par un sérieux fade, ou de vous ennuyer par une méchante plaisanterie. Enfin mon Apollon m'a

---

(1) M. le duc de Vivonne, qui commandait alors l'armée navale, manda à l'auteur qu'il le priait de lui écrire quelque chose qui le consolât des mauvaises harangues qu'il était obligé d'entendre. C'est ce qui donna lieu à l'auteur de composer ces lettres.

secouru ce matin, et, dans le temps que j'y pen-
sais le moins, m'a fait trouver sur mon chevet
deux lettres qui, au défaut de la mienne, pourront peut-être vous amuser agréablement. Elles
sont datées des champs élysées. L'une est de Balzac, et l'autre de Voiture, qui, tous deux, char-
més du récit de votre dernier combat, vous écri-
vent de l'autre monde pour vous en féliciter.

Voici celle de Balzac. Vous la reconnaîtrez aisément à son style, qui ne saurait dire simplement les choses, ni descendre de sa hauteur.

MONSEIGNEUR,

Aux champs élysées, le 2 juin 1675.

« Le bruit de vos actions ressuscite les morts.
« Il réveille des gens endormis depuis trente an-
« nées, et condamnés à un sommeil éternel. Il
« fait parler le silence même. La belle, l'écla-
« tante, la glorieuse conquête que vous avez faite
« sur les ennemis de la France! Vous avez re-
« donné le pain à une ville qui a accoutumé de le
« fournir à toutes les autres. Vous avez nourri
« la mère nourrice de l'Italie. Les tonnerres de
« cette flotte qui vous fermait les avenues de son
« port n'ont fait que saluer votre entrée. Sa ré-
« sistance ne vous a pas arrêté plus long-temps
« qu'une réception un peu trop civile. Bien loin
« d'empêcher la rapidité de votre course, elle
« n'a pas seulement interrompu l'ordre de votre
« marche. Vous avez contraint à sa vue le sud et
« le nord de vous obéir. Sans châtier la mer

« comme Xerxès (1), vous l'avez rendue disci-
« plinable. Vous avez plus fait encore, vous avez
« rendu l'Espagnol humble. Après cela que ne
« peut-on point dire de vous? Non, la nature, je
« dis la nature encore jeune, et du temps qu'elle
« produisait les Alexandre et les César, n'a rien
« produit de si grand que sous le règne de Louis
« quatorzième. Elle a donné aux Français, sur
« son déclin, ce que Rome n'a pas obtenu d'elle
« dans sa plus grande maturité. Elle a fait voir
« au monde dans votre siècle, en corps et en âme,
« cette valeur parfaite dont on avait à peine en-
« trevu l'idée dans les romans et dans les poëmes
« héroïques. N'en déplaise à un de vos poètes (2),
« il n'a pas raison d'écrire qu'au-delà du Cocyte
« le mérite n'est plus connu. Le vôtre, monsei-
« gneur, est vanté ici d'une commune voix des
« deux côtés du Styx. Il fait sans cesse ressouve-
« nir de vous dans le séjour même de l'oubli. Il
« trouve des partisans zélés dans le pays de l'in-
« différence. Il met l'Achéron dans les intérêts
« de la Seine. Disons plus, il n'y a point d'ombre
« parmi nous, si prévenue des principes du por-
« tique, si endurcie dans l'école de Zénon, si
« fortifiée contre la joie et contre la douleur, qui
« n'entende vos louanges avec plaisir, qui ne
« batte des mains, qui ne crie miracle au mo-
« ment que l'on vous nomme, et qui ne soit prête
« de dire avec votre Malherbe :

        A la fin c'est trop de silence
        En si beau sujet de parler.

_____

(1) Hérodote, liv. VII; et Juvénal, sat. X.
(2) Voiture, dans l'épître en vers à monseigneur le
Prince, a dit :
        Au-delà des bords du Cocyte
        Il n'est plus parlé de mérite.

« Pour moi, monseigneur, qui vous conçois
« encore beaucoup mieux, je vous médite sans
« cesse dans mon repos; je m'occupe tout entier
« de votre idée dans les longues heures de notre
« loisir; je crie continuellement, le grand per-
« sonnage! et si je souhaite de revivre, c'est
« moins pour revoir la lumière, que pour jouir
« de la souveraine félicité de vous entretenir,
« et de vous dire de bouche avec combien
« de respect je suis de toute l'étendue de mon
« âme,

MONSEIGNEUR,

votre très-humble et très-obéissant
serviteur, BALZAC.

Je ne sais, monseigneur, si ces violentes exa-
gérations vous plairont, et si vous ne trouverez
point que le style de Balzac s'est un peu corrompu dans l'autre monde. Quoiqu'il en soit,
jamais, à mon avis, il n'a prodigué ses hyperbo-
les plus à propos. C'est à vous d'en juger. Mais
auparavant, lisez, je vous prie, la lettre de Voiture.

MONSEIGNEUR,

Aux champs élysées, le 9 juin.

« BIEN que nous autres morts ne prenions pas
« grand intérêt aux affaires des vivants, et ne
« soyons pas trop portés à rire, je ne saurais
« pourtant m'empêcher de me réjouir des grandes
« choses que vous faites au-dessus de notre tête.
« Sérieusement, votre dernier combat fait un
« bruit de diable aux fers : il s'est fait entendre

« dans un lieu où l'on n'entend pas Dieu tonner,
« et a fait connaître votre gloire dans un pays où
« l'on ne connaît point le soleil. Il est venu ici
« un bon nombre d'Espagnols qui y étaient, et
« qui nous en ont appris le détail. Je ne sais pas
« pourquoi on veut faire passer les gens de leur
« nation pour fanfarons. Ce sont, je vous assure,
« de fort bonnes gens; et le roi, depuis quelque
« temps, nous les envoie ici fort humbles et fort
« honnêtes. Sans mentir, monseigneur, vous
« avez bien fait des vôtres depuis peu. A voir de
« quel air vous courez la mer Méditerranée, il
« semble qu'elle vous appartienne tout entière.
« Il n'y a pas à l'heure qu'il est, dans toute son
« étendue, un seul corsaire en sûreté; et, pour
« peu que cela dure, je ne vois pas de quoi vous
« voulez que Tunis et Alger subsistent. Nous
« avons ici les César, les Pompée et les Alexan-
« dre. Ils trouvent tous que vous avez assez at-
« trapé leur air dans votre manière de combat-
« tre. Surtout César vous trouve très-César. Il
« n'y a pas jusqu'aux Alaric, aux Genséric, aux
« Théodoric, et à tous ces autres conquérants en
« ic, qui ne parlent fort bien de votre action; et
« dans le Tartare même, je ne sais si ce lieu vous
« est connu, il n'y a point de diable, monsei-
« gneur, qui ne confesse ingenuement qu'à la tête
« d'une armée vous êtes beaucoup plus diable
« que lui. C'est une vérité dont vos ennemis
« tombent d'accord. Néanmoins, à voir le bien
« que vous avez fait à Messine, j'estime pour
« moi que vous tenez plus de l'ange que du dia-
« ble, hors que les anges ont la taille un peu plus
« légère que vous, et n'ont point le bras en
« écharpe. Raillerie à part, l'enfer est extrême-
« ment déchaîné en votre faveur. On ne trouve

« qu'une chose à redire à votre conduite, c'est le
« peu de soin que vous prenez quelquefois de vo-
« tre vie. On vous aime assez en ce pays-ci pour
« souhaiter de ne vous y point voir. Croyez-moi,
« monseigneur, je l'ai déjà dit en l'autre monde,
« c'est fort peu de chose qu'un demi-dieu quand
« il est mort. Il n'est rien tel que d'être vivant.
« Et pour moi qui sais maintenant par expérience
« ce que c'est que de ne plus être, je fais ici la
« meilleure contenance que je puis; mais à ne
« vous rien celer, je meurs d'envie de retourner
« au monde, ne fût-ce que pour avoir le plaisir
« de vous y voir. Dans le dessein même que j'ai
« de faire ce voyage, j'ai déjà envoyé plusieurs
« fois chercher les parties de mon corps pour les
« rassembler; mais je n'ai jamais pu ravoir mon
« cœur, que j'avais laissé en partant à ces sept
« maîtresses que je servais, comme vous savez,
« si fidèlement toutes sept à la fois. Pour mon es-
« prit, à moins que vous ne l'ayez, on m'a as-
« suré qu'il n'était plus dans le monde. A vous
« dire le vrai, je vous soupçonne un peu d'en
« avoir au moins l'enjouement; car on m'a rap-
« porté ici quatre ou cinq mots de votre façon
« que je voudrais de tout mon cœur avoir dits,
« et pour lesquels je donnerais volontiers le pa-
« négyrique de Pline (1), et deux de mes meil-
« leures lettres. Supposez donc que vous l'ayez,
« je vous prie de me le renvoyer au plutôt; car,
« en vérité, vous ne sauriez croire quelle in-
« commodité c'est que de n'avoir pas tout son es-
« prit, surtout lorsqu'on écrit à un homme comme
« vous. C'est ce qui fait que mon style aujour-

_____

(1) Voiture se déclarait hautement contre ce pané-
gyrique.

« d'hui est tout changé. Sans cela vous me ver-
« riez encore rire comme autrefois avec mon
« compère le Brochet, et je ne serais pas réduit
« à finir ma lettre trivialement, comme je fais,
« en vous disant que je suis,

MONSEIGNEUR,

votre très-humble et très-obéissant
serviteur, VOITURE.

Voilà les deux lettres telles que je les ai re-
cues. Je vous les envoie écrites de ma main, parce
que vous auriez eu trop de peine à lire les caractères de l'autre monde, si je vous les avais en-
voyées en original. N'allez donc pas vous figurer,
monseigneur, que ce soit ici un pur jeu d'esprit et une imitation du style de ces deux écrivains. Vous savez bien que Balzac et Voiture
sont deux hommes inimitables. Quand il serait
vrai pourtant que j'aurais eu recours à cette in-
vention pour vous divertir, aurais-je si grand
tort? Et ne devrait-on pas au contraire m'estimer d'avoir trouvé cette adresse pour vous faire
lire des louanges que vous n'auriez jamais souf-
fertes autrement? En un mot, pourrais-je mieux
faire voir avec quelle sincérité et quel respect
je suis,

MONSEIGNEUR,

votre, etc.

A MONSEIGNEUR LE MARÉCHAL DUC DE VIVONNE, A MESSINE.

MONSEIGNEUR,

SANS une maladie très-violente qui m'a tour-
menté pendant quatre mois, et qui m'a mis très-

long-temps dans un état moins glorieux, à la
vérité, mais presque aussi périlleux que celui où
vous êtes tous les jours, vous ne vous plaindriez
pas de ma paresse.

Avant ce temps-là je me suis donné l'honneur
de vous écrire plusieurs fois; et si vous n'avez
pas reçu mes lettres, c'est la faute des couriers
et non pas la mienne. Quoiqu'il en soit, me voilà
guéri; je suis en état de réparer mes fautes, si
j'en ai commis quelques-unes; et j'espère que
cette lettre-ci prendra une route plus sûre que
les autres. Mais dites-moi, monseigneur, sur
quel ton faut-il maintenant vous parler? Je savais
assez bien autrefois de quel air il fallait écrire
à MONSEIGNEUR DE VIVONNE, GÉNÉRAL DES GA-
LÈRES DE FRANCE; mais oserait-on se familiari-
ser de même avec le libérateur de Messine, le
vainqueur de Ruyter, le destructeur de la flotte
espagnole? Seriez-vous le premier héros qu'une
extrême prospérité ne pût enorgueillir? Etes-
vous encore ce même grand seigneur qui venait
souper chez un misérable poète, et y porteriez-
vous sans honte vos nouveaux lauriers au second
et au troisième étage? Non, non, monseigneur,
je n'oserais plus me flatter de cet honneur. Ce
serait assez pour moi que vous fussiez de retour
à Paris; et je me tiendrais trop heureux de pouvoir grossir les pelotons de peuple qui s'amasse-
raient dans les rues pour vous voir passer. Mais
je n'oserais pas même espérer cette joie. Vous
vous êtes si fort habitué à gagner des batailles,
que vous ne voulez plus faire d'autre métier. Il
n'y a pas moyen de vous tirer de la Sicile. Cela
accommode fort toute la France, mais cela ne
m'accommode point du tout. Quelque belles que
soient vos victoires, je n'en saurais être content,

puisqu'elles vous rendent d'autant plus nécessaire au pays où vous êtes, et qu'en avançant vos
conquêtes elles reculent votre retour. Tout passionné que je suis pour votre gloire, je chéris
encore plus votre personne, et j'aimerais encore
mieux vous entendre parler ici de Chapelain et
de Quinault, que d'entendre la renommée parler
si avantageusement de vous. Et puis, monseigneur, combien pensez-vous que votre protec-
tion m'est nécessaire en ce pays, dans les démê-
lés que j'ai incessamment sur le Parnasse? Il faut
que je vous en conte un, pour vous faire voir
que je ne mens pas. Vous saurez donc, monseigneur, qu'il y a un médecin à Paris, nommé
M. Perrault, très-grand ennemi de la santé et
du bon sens, mais en récompense fort grand ami
de M. Quinault. Un mouvement de pitié pour
son pays, ou plutôt le peu de gain qu'il faisait
dans son métier, lui en a fait à la fin embrasser
un autre. Il a lu Vitruve, il a fréquenté M. Le
Vau et M. Ratabon, et s'est enfin jeté dans l'architecture, où l'on prétend qu'en peu d'années
il a autant élevé de mauvais bâtiments, qu'étant
médecin il avait ruiné de bonnes santés. Ce nouvel architecte, qui veut se mêler aussi de poésie, m'a pris en haine sur le peu d'estime que
je faisais des ouvrages de son cher Quinault. Sur
cela il s'est déchaîné contre moi dans le monde :
je l'ai souffert quelque temps avec assez de mo-
dération; mais enfin la bile satirique n'a pu se
contenir, si bien que, dans le quatrième chant
de ma poétique, à quelque temps de là j'ai in-
séré la métamorphose d'un médecin en architecte. Vous l'y avez peut-être vue, elle finit
ainsi :

> Notre assassin renonce à son art inhumain;
> Et désormais la règle et l'équerre à la main,
> Laissant de Galien la science suspecte,
> De méchant médecin devient bon architecte.

Il n'avait pourtant pas sujet de s'offenser, puisque je parle d'un médecin de Florence, et que d'ailleurs il n'est pas le premier médecin qui, dans Paris, ait quitté sa robe pour la truelle. Ajoutez que si en qualité de médecin il avait raison de se fâcher, vous m'avouerez qu'en qualité d'architecte il me devait des remerciments. Il ne me remercia pas pourtant; au contraire, comme il a un frère chez M. Colbert, et qu'il est luimême employé dans les bâtiments du roi, il cria fort hautement contre ma hardiesse; jusques-là que mes amis eurent peur que cela ne me fît une affaire auprès de cet illustre ministre. Je me rendis donc à leurs remontrances, et, pour raccommoder toutes choses, je fis une réparation sincère au médecin par l'épigramme que vous allez voir :

> Oui; j'ai dit dans mes vers qu'un célèbre assassin,
> Laissant de Galien la science infertile,
> D'ignorant médecin devint maçon habile.
> Mais de parler de vous je n'eus jamais dessein,
> Lubin; ma muse est trop correcte.
> Vous êtes, je l'avoue, ignorant médecin,
> Mais non pas habile architecte.

Cependant regardez, monseigneur, comme les esprits des hommes sont faits; cette réparation, bien loin d'apaiser l'architecte, l'irrita encore davantage. Il gronda, il se plaignit, il me menaça de me faire ôter ma pension. A tout cela je répondis que je craignais ses remèdes, et non pas ses menaces. Le dénoûment de l'affaire est que j'ai touché ma pension, que l'architecte s'est

brouillé auprès de M. Colbert, et que si Dieu ne
regarde en pitié son peuple, notre homme va se
rejeter dans la médecine. Mais, monseigneur,
je vous entretiens là d'étranges bagatelles. Il est
temps, ce me semble, de vous dire que je suis
avec toute sorte de zèle et de respect,

MONSEIGNEUR,

votre, etc.

RÉPONSE.

*A la lettre que son excellence M. le comte d'Eri-
ceyra m'a écrite de Lisbonne en m'envoyant la
traduction de mon Art poétique, faite par lui
en vers portugais.*

MONSIEUR,

BIEN que mes ouvrages aient fait de l'éclat
dans le monde, je n'en ai point conçu une trop
haute opinion de moi-même; et si les louanges
qu'on m'a données m'ont flatté assez agréablement, elles ne m'ont pourtant point aveuglé.
Mais j'avoue que la traduction que votre excellence a bien daigné faire de mon art poétique, et
les éloges dont elle l'a accompagnée en me l'envoyant, m'ont donné un véritable orgueil. Il ne
m'a plus été possible de me croire un homme ordinaire en me voyant si extraordinairement honoré; et il m'a paru que d'avoir un traducteur de
votre capacité et de votre élévation, était pour
moi un titre de mérite qui me distinguait de tous
les écrivains de notre siècle. Je n'ai qu'une con-

naissance très-imparfaite de votre langue, et je
n'en ai fait aucune étude particulière. J'ai pourtant assez bien entendu votre traduction pour
m'y admirer moi-même, et pour me trouver
beaucoup plus habile écrivain en portugais qu'en
français. En effet vous enrichissez toutes mes
pensées en les exprimant. Tout ce que vous maniez se change en or ; et les cailloux mêmes,
s'il faut ainsi parler, deviennent des pierres
précieuses entre vos mains. Jugez après cela si
vous devez exiger de moi que je vous marque
les endroits où vous pouvez vous être un peu
écarté de mon sens. Quand, à la place de mes
pensées, vous m'auriez, sans y prendre garde,
prêté quelques-unes des vôtres, bien loin de
m'employer à les faire ôter, je songerais à profiter de votre méprise, et je les adopterais sur-
le-champ pour me faire honneur. Mais vous ne
me mettez nulle part à cette épreuve. Tout est
également juste, exact, fidèle, dans votre traduction ; et bien que vous m'y ayez fort embelli,
je ne laisse pas de m'y reconnaître partout. Ne
dites donc plus, monsieur, que vous craignez de
ne m'avoir pas assez bien entendu. Dites-moi
plutôt comment vous avez fait pour m'entendre
si bien, et pour apercevoir dans mon ouvrage
jusqu'à des finesses que je croyais ne pouvoir être
senties que par des gens nés en France et nourris à la cour de Louis-le-Grand. Je vois bien que
vous n'êtes étranger en aucun pays, et que par
l'étendue de vos connaissances vous êtes de toutes les cours et de toutes les nations. La lettre et
les vers français que vous m'avez fait l'honneur
de m'écrire en sont un bon témoignage. On n'y
voit rien d'étranger que votre nom, et il n'y a
point en France d'homme de bon goût qui ne

voulût les avoir faits. Je les ai montrés à plusieurs de nos meilleurs écrivains. Il n'y en a pas un qui n'en ait été extrêmement frappé, et qui ne m'ait fait comprendre que s'il avait reçu de vous de pareilles louanges, il vous aurait déjà récrit des volumes de prose et de vers. Que penserez-vous donc de moi, de me contenter d'y répondre pas une simple lettre de compliment? Ne m'accuserez-vous point d'être ou méconnaissant ou grossier? Non, monsieur, je ne suis ni l'un ni l'autre; mais franchement je ne fais pas des vers, ni même de la prose, quand je veux. Apollon est pour moi un dieu bizarre, qui ne me donne pas comme à vous audience à toutes les heures. Il faut que j'attende les moments favorables. J'aurai soin d'en profiter dès que je les trouverai; et il y a bien du malheur si je ne meurs enfin quitte d'une partie de vos éloges. Ce que je vous puis dire par avance, c'est qu'à la première édition de mes ouvrages je ne manquerai pas d'y insérer votre traduction, et que je ne perdrai aucune occasion de faire savoir à toute la terre que c'est des extrémités de notre continent, et d'aussi loin que les colonnes d'Hercule, que me sont venues les louanges dont je m'applaudis davantage, et l'ouvrage dont je me sens le plus honoré. Je suis avec un très-grand respect,

DE VOTRE EXCELLENCE,

très-humble et très-obéissant
serviteur, DESPRÉAUX.

A M. PERRAULT,

DE L'ACADÉMIE FRANÇAISE.

MONSIEUR,

PUISQUE le public a été instruit de notre démêlé, il est bon de lui apprendre aussi notre réconciliation, et de ne lui pas laisser ignorer qu'il en a été de notre querelle sur le Parnasse comme de ces duels d'autrefois, que la prudence du roi a si sagement réprimés, où après s'être battus à outrance, et s'être quelquefois cruellement blessés l'un l'autre, on s'embrassait et on devenait sincèrement amis. Notre duel grammatical s'est même terminé encore plus noblement; et je puis dire, si j'ose vous citer Homère, que nous avons fait comme Ajax et Hector dans l'Iliade, qui, aussitôt après leur long combat en présence des Grecs et des Troyens, se comblent d'honnêtetés et se font des présents. En effet, monsieur, notre dispute n'était pas encore bien finie, que vous m'avez fait l'honneur de m'envoyer vos ouvrages, et que j'ai eu soin qu'on vous portât les miens. Nous avons d'autant mieux imité ces deux héros du poème qui vous plaît si peu, qu'en nous faisant ces civilités nous sommes demeurés comme eux chacun dans notre même parti et dans nos mêmes sentiments; c'est-à-dire, vous toujours bien résolu de ne point trop estimer Homère ni

Virgile, et moi toujours leur passionné admira-
teur. Voilà de quoi il est bon que le public soit
informé ; et c'était pour commencer à le lui faire
entendre, que peu de temps après notre réconciliation je composai une épigramme qui a couru
et que vraisemblablement vous avez vue. La
voici :

> Tout le trouble poétique
> A Paris s'en va cesser :
> Perrault l'anti-pindarique
> Et Despréaux l'homérique
> Consentent de s'embrasser.
> Quelque aigreur qui les anime,
> Quand malgré l'emportement,
> Comme eux l'un l'autre s'estime,
> L'accord se fait aisément.
> Mon embarras est comment
> On pourra finir la guerre
> De Pradon et du parterre.

Vous pouvez reconnaître, monsieur, par ces vers
où j'ai exprimé sincèrement ma pensée, la différence que j'ai toujours faite de vous et de ce
poète de théâtre dont j'ai mis le nom en œuvre
pour égayer la fin de mon épigramme. Aussi
était-ce l'homme du monde qui vous ressemblait
le moins.

Mais maintenant que nous voilà bien remis,
et qu'il ne reste plus entre nous aucun levain
d'animosité ni d'aigreur, oserai-je, comme votre
ami, vous demander ce qui a pu depuis si long-
temps vous irriter et vous porter à écrire contre tous les plus célèbres écrivains de l'antiquité ?
Est-ce le peu de cas qu'il vous a paru que l'on faisait parmi nous des bons auteurs modernes ? Mais
où avez-vous vu qu'on les méprisât ? Dans quel
siècle a-t-on plus volontiers applaudi aux bons
livres naissants, que dans le nôtre ? Quels éloges n'y a-t-on point donnés aux ouvrages de

M. Descartes, de M. Arnauld, de M. Nicole, et
de tant d'autres admirables philosophes et théo-
logiens que la France a produits depuis soixante
ans, et qui sont en si grand nombre qu'on pourrait faire un petit volume de la seule liste de
leurs écrits ! Mais pour ne nous arrêter ici qu'aux
seuls auteurs qui nous touchent vous et moi de
plus près, je veux dire aux poëtes, quelle gloire
ne s'y sont point acquise les Malherbe, les Racan, les Mainard ! Avec quels battements de
mains n'y a-t-on point reçu les ouvrages de Voiture, de Sarrazin, et de La Fontaine ! Quels honneurs n'y a-t-on point, pour ainsi dire, rendus à
M. de Corneille et à M. Racine ! Et qui est-ce
qui n'a point admiré les comédies de Molière ?
Vous-même, monsieur, pouvez-vous vous plaindre qu'on n'y ait pas rendu justice à votre Dialogue de l'Amour et de l'Amitié, à votre Poëme
sur la Peinture, à votre Epître sur M. de la
Quintinie, et à tant d'autres excellentes pièces
de votre façon ? On n'y a pas véritablement fort
estimé nos poëmes héroïques ; mais a-t-on eu
tort ? et ne confessez-vous pas vous-même en
quelque endroit de vos Parallèles que le meilleur de ces poëmes est si dur et si forcé qu'il
n'est pas possible de le lire ?

Quel est donc le motif qui vous a tant fait crier
contre les anciens ? Est-ce la peur qu'on ne se
gâtât en les imitant ? Mais pouvez-vous nier
que ce ne soit au contraire à cette imitation-là
même que nos plus grands poëtes sont redevables
du succès de leurs écrits ? Pouvez-vous nier que
ce ne soit dans Tite Live, dans Dion Cassius,
dans Plutarque, dans Lucain, et dans Sénèque,
que M. de Corneille a pris ses plus beaux traits,
a puisé ces grandes idées qui lui ont fait inventer

un nouveau genre de tragédie inconnu à Aristote? Car c'est sur ce pied, à mon avis, qu'on doit
regarder quantité de ses plus belles pièces de
théâtre, où se mettant au-dessus des règles de
ce philosophe, il n'a point songé, comme les
poètes de l'ancienne tragédie, à émouvoir la
pitié et la terreur, mais à exciter dans l'âme
des spectateurs, par la sublimité des pensées
et par la beauté des sentiments, une cer-
taine admiration, dont plusieurs personnes,
et les jeunes gens surtout, s'accommodent
souvent beaucoup mieux que des véritables
passions tragiques. Enfin, monsieur, pour finir cette période un peu longue, et pour ne
me point écarter de mon sujet, pouvez-vous ne
pas convenir que ce sont Sophocle et Euripide
qui ont formé M. Racine? pouvez-vous ne pas
avouer que c'est dans Plaute et dans Térence que
Molière a appris les plus grandes finesses de son
art?

D'où a pu donc venir votre chaleur contre les
anciens? Je commence, si je ne m'abuse, à l'a-
percevoir. Vous avez vraisemblablement rencontré il y a long-temps dans le monde quelques-
uns de ces faux savants, tels que le président
de vos Dialogues, qui ne s'étudient qu'à enri-
chir leur mémoire, et qui n'ayant d'ailleurs ni
esprit, ni jugement, ni goût, n'estiment les anciens que parce qu'ils sont anciens; ne pensent
pas que la raison puisse parler une autre langue
que la grecque ou la latine, et condamnent d'a-
bord tout ouvrage en langue vulgaire, sur ce
fondement seul qu'il est en langue vulgaire. Ces
ridicules admirateurs de l'antiquité vous ont ré-
volté contre tout ce que l'antiquité a de plus
merveilleux. Vous n'avez pu vous résoudre d'être

du sentiment de gens si déraisonnables, dans la chose même où ils avaient raison. Voilà, selon toutes les apparences, ce qui vous a fait faire vos Parallèles. Vous vous êtes persuadé qu'avec l'esprit que vous avez et que ces gens-là n'ont point, avec quelques arguments spécieux, vous déconcerteriez aisément la vaine habileté de ces faibles antagonistes; et vous y avez si bien réussi, que, si je ne me fusse mis de la partie, le champ de bataille, s'il faut ainsi parler, vous demeurait; ces faux savants n'ayant pu, et les vrais savants, par une hauteur un peu trop affectée, n'ayant pas daigné vous répondre. Permettez-moi cependant de vous faire ressouvenir que ce n'est point à l'approbation des faux ni des vrais savants que les grands écrivains de l'antiquité doivent leur gloire, mais à la constante et unanime admiration de ce qu'il a y eu dans tous les siècles d'hommes sensés et délicats, entre lesquels on compte plus d'un Alexandre et plus d'un César. Permettez-moi de vous représenter qu'aujourd'hui même encore ce ne sont point, comme vous vous le figurez, les Schrévélius, les Pérarédus, les Ménagius, ni, pour me servir des termes de Molière, les savants en us, qui goûtent davantage Homère, Horace, Cicéron, Virgile. Ceux que j'ai toujours vus le plus frappés de la lecture des écrits de ces grands personnages, ce sont des esprits du premier ordre, ce sont des hommes de la plus haute élévation. Que s'il fallait nécessairement vous en citer ici quelques-uns, je vous étonnerais peut-être par les noms illustres que je mettrais sur le papier; et vous y trouveriez non-seulement des Lamoignon, des d'Aguesseau, des Troisville, mais des Condé, des Conti, et des Turenne.

Ne pourrait-on point donc, monsieur, aussi galant homme que vous l'êtes, vous réunir de sentiments avec tant de si galants hommes? Oui,
sans doute, on le peut; et nous ne sommes pas
même, vous et moi, si éloignés d'opinion que
vous pensez. En effet, qu'est-ce que vous avez
voulu établir par tant de poêmes, de dialogues
et de dissertations sur les anciens et sur les modernes? Je ne sais si j'ai bien pris votre pensée;
mais la voici, ce me semble. Votre dessein est
de montrer que pour la connaissance surtout des
beaux-arts, et pour le mérite des belles-lettres,
notre siècle, ou, pour mieux parler, le siècle de
Louis-le-Grand, est non-seulement comparable,
mais supérieur à tous les plus fameux siècles de
l'antiquité, et même au siècle d'Auguste. Vous
allez donc être bien étonné quand je vous dirai
que je suis sur cela entièrement de votre avis,
et que même, si mes infirmités et mes emplois
m'en laissaient le loisir, je m'offrirais volontiers
de prouver, comme vous, cette proposition la
plume à la main. A la vérité j'emploierais beaucoup d'autres raisons que les vôtres, car chacun
a sa manière de raisonner; et je prendrais des
précautions et des mesures que vous n'avez point
prises.

Je n'opposerais donc pas, comme vous avez
fait, notre nation et notre siècle seuls à toutes
les autres nations et à tous les autres siècles
joints ensemble. L'entreprise, à mon sens, n'est
pas soutenable. J'examinerais chaque nation et
chaque siècle l'un après l'autre; et après avoir
mûrement pesé en quoi ils sont au-dessus de
nous, et en quoi nous les surpassons, je suis
fort trompé si je ne prouvais invinciblement que
l'avantage est de notre côté. Ainsi, quand je

2. 10

viendrais au siècle d'Auguste, je commencerais
par avouer sincèrement que nous n'avons point
de poètes héroïques ni d'orateurs que nous puis-
sions comparer aux Virgile et aux Cicéron : je
conviendrais que nos plus habiles historiens sont
petits devant les Tite-Live et les Saluste : je pas-
serais condamnation sur la satire et sur l'élégie,
quoiqu'il y ait des satires de Régnier admirables,
et des élégies de Voiture, de Sarrazin, de la
comtesse de La Suze, d'un agrément infini. Mais
en même temps je ferais voir que pour la tragédie nous sommes beaucoup supérieurs aux
Latins, qui ne sauraient opposer à tant d'excellentes pièces tragiques que nous avons en notre
langue, que quelques déclamations plus pompeuses que raisonnables d'un prétendu Sénèque,
et un peu de bruit qu'ont fait en leurs temps le
Thyeste de Varius et la Médée d'Ovide. Je ferais
voir que bien loin qu'ils aient eu dans ce siècle-là
des poètes comiques meilleurs que les nôtres,
ils n'en ont pas eu un seul dont le nom ait mé-
rité qu'on s'en souvînt, les Plaute, les Cécilius
et les Térence étant morts dans le siècle précédent. Je montrerais que si pour l'ode nous n'a-
vons point d'auteurs si parfaits qu'Horace, qui
est leur seul poète lyrique, nous en avons néanmoins un assez grand nombre qui ne lui sont
guère inférieurs en délicatesse de langue et en
justesse d'expression, et dont tous les ouvrages
mis ensemble ne feraient peut-être pas dans la
balance un poids de mérite moins considérable
que les cinq livres d'odes qui nous restent de ce
grand poète. Je montrerais qu'il y a des genres
de poésies où non-seulement les Latins ne nous
ont point surpassé, mais qu'ils n'ont pas même
connus; comme, par exemple, ces poèmes en

prose que nous appelons ROMANS, et dont nous avons chez nous des modèles qu'on ne saurait trop estimer, à la morale près qui y est fort vicieuse et qui en rend la lecture dangereuse aux jeunes personnes. Je soutiendrais hardiment qu'à prendre le siècle d'Auguste dans sa plus grande étendue, c'est-à-dire depuis Cicéron jusqu'à Corneille Tacite, on ne saurait pas trouver parmi les Latins un seul philosophe qu'on puisse mettre, pour la physique, en parallèle avec Descartes, ni même avec Gassendi. Je prouverais que pour le grand savoir et la multiplicité de connaissances, leurs Varron et leurs Pline, qui sont leurs plus doctes écrivains, paraîtraient de médiocres savants devant nos Bignon, nos Scaliger, nos Saumaise, nos père Sirmond, et nos père Pétau. Je triompherais avec vous du peu d'étendue de leurs lumières sur l'astronomie, sur la géographie, et sur la navigation. Je les défierais de me citer, à l'exception du seul Vitruve, qui est même plutôt un bon docteur d'architecture qu'un excellent architecte; je les défierais, dis-je, de me nommer un seul habile architecte, un seul habile sculpteur, un seul habile peintre latin, ceux qui ont fait du bruit à Rome dans tous ces arts étant des Grecs d'Europe et d'Asie qui venaient pratiquer chez les Latins des arts que les Latins, pour ainsi dire, ne connaissaient point; au lieu que toute la terre aujourd'hui est pleine de la réputation et des ouvrages de nos Poussins, de nos Lebrun, de nos Girardon, et de nos Mansard. Je pourrais ajouter encore à cela beaucoup d'autres choses; mais ce que j'ai dit est suffisant, je crois, pour vous faire entendre comment je me tirerais d'affaire à l'égard du siècle d'Auguste. Que si de la comparaison des gens de lettres et

des illustres artisans il fallait passer à celle des
héros et des grands princes, peut-être en sorti-
rais-je avec encore plus de succès. Je suis bien
sûr au moins que je ne serais pas fort embarrassé
à montrer que l'Auguste des Latins ne l'emporte
pas sur l'Auguste des Français. Par tout ce que
je viens de dire, vous voyez, monsieur, qu'à
proprement parler, nous ne sommes point d'avis
différent sur l'estime qu'on doit faire de notre
nation et de notre siècle ; mais que nous sommes
différemment de même avis. Aussi n'est-ce point
votre sentiment que j'ai attaqué dans vos Parallèles, mais la manière hautaine et méprisante
dont votre abbé et votre chevalier y traitent des
écrivains pour qui, même en les blâmant, on
ne saurait, à mon avis, marquer trop d'estime,
de respect et d'admiration. Il ne reste donc
plus maintenant, pour assurer notre accord et
pour étouffer en nous toute semence de dispute, que de nous guérir l'un et l'autre, vous,
d'un penchant un peu trop fort à rabaisser les
bons écrivains de l'antiquité ; et moi, d'une inclination un peu trop violente à blâmer les méchants et même les médiocres auteurs de notre
siècle. C'est à quoi nous devons sérieusement
nous appliquer. Mais quand nous n'en pourrions
venir à bout, je vous réponds que de mon côté
cela ne troublera point notre réconciliation, et
que, pourvu que vous ne me forciez point à lire
le Clovis ni la Pucelle, je vous laisserai tout à
votre aise critiquer l'Iliade et l'Enéide, me contentant de les admirer sans vous demander pour
elles cette espèce de culte tendant à l'adoration
que vous vous plaignez en quelqu'un de vos poëmes, qu'on veut exiger de vous, et que Stace
semble en effet avoir eu pour l'Enéide quand il
se dit à lui-même :

Nec tu divinam Aeneida tenta;
Sed longè sequere, et vestigia semper adora.

Voilà, monsieur, ce que je suis bien aise que
le public sache ; et c'est pour l'en instruire à
fond que je me donne l'honneur de vous écrire
aujourd'hui cette lettre, que j'aurai soin de faire
imprimer dans la nouvelle édition qu'on fait en
grand et en petit de mes ouvrages. J'aurais bien
voulu pouvoir adoucir en cette nouvelle édition
quelques railleries un peu fortes qui me sont
échappées dans mes Réfléxions sur Longin ; mais
il m'a paru que cela serait inutile à cause des
deux éditions qui l'ont précédée, auxquelles on
ne manquerait pas de recourir, aussi-bien qu'aux
fausses éditions qu'on en pourra faire dans les
pays étrangers, où il y a de l'apparence qu'on
prendra soin de mettre les choses en l'état
qu'elles étaient d'abord. J'ai cru donc que le
meilleur moyen d'en corriger la petite maligni-
té, c'était de vous marquer ici, comme je viens
de le faire, mes vrais sentiments pour vous.
J'espère que vous serez content de mon procé-
dé, et que vous ne vous choquerez pas même
de la liberté que je me suis donnée de faire imprimer dans cette dernière édition la lettre que
l'illustre M. Arnauld vous a écrite au sujet de
ma dixième satire.

Car outre que cette lettre a déjà été rendue
publique dans deux recueils des ouvrages de ce
grand homme, je vous prie, monsieur, de faire
réflexion que dans la préface de votre Apologie
des femmes, contre laquelle cet ouvrage me
défend, vous ne me reprochez pas seulement
des fautes de raisonnement et de grammaire,
mais que vous m'accusez d'avoir dit des mots
sales, d'avoir glissé beaucoup d'impuretés, et

10ᵉ

d'avoir fait des médisances. Je vous supplie, dis-je, de considérer que ces reproches regardant l'honneur, ce serait en quelque sorte reconnaître qu'ils sont vrais que de les passer sous silence; qu'ainsi je ne pouvais pas honnêtement me dispenser de m'en disculper moi-même dans ma nouvelle édition, ou d'y insérer une lettre qui m'en disculpe si honorablement. Ajoutez que cette lettre est écrite avec tant d'honnêteté et d'égards pour celui même contre qui elle est écrite, qu'un honnête homme, à mon avis, ne saurait s'en offenser. J'ose donc me flatter, je le répète, que vous la verrez sans chagrin, et que, comme j'avoue franchement que le dépit de me voir critiqué dans vos Dialogues m'a fait dire des choses qu'il serait mieux de n'avoir point dites, vous confesserez aussi que le déplaisir d'être attaqué dans ma dixième satire vous y a fait voir des médisances et des saletés qui n'y sont point. Du reste, je vous prie de croire que je vous estime comme je dois, et que je ne vous regarde pas simplement comme un très-bel esprit, mais comme un des hommes de France qui a le plus de probité et d'honneur. Je suis,

MONSIEUR,

votre, etc.

REMERCIMENT
A M. ARNAULT.

JE ne saurais, monsieur, assez vous témoigner ma reconnaissance de la bonté que vous avez eue de vouloir bien permettre qu'on me montrât la lettre que vous avez écrite à M. Perrault sur ma

dernière satire. Je n'ai jamais rien lu qui m'ait
fait un si grand plaisir ; et quelques injures que
ce galant homme m'ait dites, je ne saurais plus
lui en vouloir de mal, puisqu'elles m'ont attiré
une si honorable apologie. Jamais cause ne fut si
bien défendue que la mienne. Tout m'a charmé,
ravi, édifié, dans votre lettre ; mais ce qui m'y a
touché davantage, c'est cette confiance si bien
fondée avec laquelle vous y déclarez que vous me
croyez sincèrement votre ami. N'en doutez point,
monsieur, je le suis ; et c'est une qualité dont je
me glorifie tous les jours en présence de vos plus
grands ennemis. Il y a des jésuites qui me font
l'honneur de m'estimer, et que j'estime et honore
aussi beaucoup. Ils me viennent voir dans ma solitude d'Auteuil, et ils y séjournent même quelquefois. Je les reçois du mieux que je puis ; mais
la première convention que je fais avec eux, c'est
qu'il me sera permis dans nos entretiens de vous
louer à outrance. J'abuse souvent de cette permission, et l'écho des murailles de mon jardin a
retenti plus d'une fois de nos contestations sur
votre sujet. La vérité est pourtant qu'ils tombent
sans peine d'accord de la grandeur de votre génie
et de l'étendue de vos connaissances. Mais je leur
soutiens, moi, que ce sont là vos moindres qualités, et que ce qu'il y a de plus estimable en vous,
c'est la droiture de votre esprit, la candeur de
votre âme, et la pureté de vos intentions. C'est
alors que se font les grands cris ; car je ne dé-
mords point sur cet article, non plus que sur celui des Lettres au provincial, que, sans examiner
qui des deux partis au fond a droit ou tort, je leur
vante toujours comme le plus parfait ouvrage de
prose qui soit en notre langue. Nous en venons
quelquefois à des paroles assez aigres. A la fin,

néanmoins tout se tourne en plaisanterie : RIDEN-
DO DICERE VERUM QUID VETAT? Ou, quand je les
vois trop fâchés, je me jette sur les louauges du
R. P. de la Chaise, que je révère de bonne foi, et
à qui j'ai en effet tout récemment encore une
très-grande obligation, puisque c'est en partie à
ses bons offices que je dois la chanoinie de la
Sainte-Chapelle de Paris, que j'ai obtenue de sa
majesté, pour mon frère le doyen de Sens. Mais,
monsieur, pour revenir à votre lettre, je ne sais
pas pourquoi les amis de M. Perrault refusent de
la lui montrer. Jamais ouvrage ne fut plus propre
à lui ouvrir les yeux et à lui inspirer l'esprit de
paix et d'humilité dont il a besoin aussi-bien que
moi. Une preuve de ce que je dis, c'est qu'à mon
égard, à peine en ai-je eu fait la lecture, que,
frappé des salutaires leçons que vous nous y faites
à l'un et à l'autre, je lui ai envoyé dire qu'il ne
tiendrait qu'à lui que nous ne fussions bons amis ;
que s'il voulait demeurer en paix sur mon sujet,
je m'engageais à ne plus rien écrire dont il pût se
choquer, et lui ai même fait entendre que je le
laisserais tout à son aise faire, s'il voulait, un
monde renversé du Parnasse, en y plaçant les
Chapelain et les Cotin au-dessus des Horace et
des Virgile. Ce sont les paroles que M. Racine et
M. l'abbé Tallemant lui ont portées de ma part. Il
n'a point voulu entendre à cet accord, et a exigé
de moi, avant toutes choses, pour ses ouvrages
une estime et une admiration que franchement
je ne lui saurais promettre sans trahir la raison
et ma conscience. Ainsi nous voilà plus brouillés
que jamais, au grand contentement des rieurs,
qui étaient déjà fort affligés du bruit qui courait
de notre réconciliation. Je ne doute point que cela ne vous fasse beaucoup de peine. Mais pour

vous montrer que ce n'est pas de moi que la rup-
ture est venue, c'est qu'en quelque lieu que vous
soyez, je vous déclare, monsieur, que vous n'a-
yez qu'à me mander ce que vous souhaitez que je
fasse pour parvenir à un accord; et je l'exécuterai
ponctuellement, sachant bien que vous ne me
prescrirez rien que de juste et de raisonnable. Je
ne mets qu'une condition au traité que je ferai.
Cette condition est que votre lettre verra le jour,
et qu'on ne me privera point, en la supprimant,
du plus grand honneur que j'aie reçu en ma vie.
Obtenez cela de vous et de lui, et je lui donne sur
tout le reste la carte blanche; car pour ce qui regarde l'estime qu'il veut que je fasse de ses écrits,
je vous prie, monsieur, d'examiner vous-même
ce que je puis faire là-dessus. Voici une liste des
principaux ouvrages qu'on veut que j'admire. Je
suis fort trompé si vous en avez jamais lu aucun.

Le conte de Peau-d'Ane, et l'histoire de la femme
au nez de boudin, mis en vers par M. Perrault de
l'Académie française.

La Métamorphose d'Orante en miroir.

L'Amour Godenot.

Le Labyrinthe de Versailles, ou les Maximes d'a-
mour et de galanterie tirées des fables d'Ésope.

Elégie à Iris.

La procession de Sainte-Geneviève.

Parallèles des anciens et des modernes, où l'on voit
la poésie portée à son plus haut point de perfection
dans les opéra de M. Quinault.

Saint-Paulin, poëme héroïque.

Réflexions sur Pindare, où l'on enseigne l'art de
ne point entendre ce grand poète.

Je ris, monsieur, en vous écrivant cette liste,
et je crois que vous aurez de la peine à vous
empêcher aussi de rire en la lisant. Cependant
je vous supplie de croire que l'offre que je vous
fais est très-sérieuse, et que je tiendrai exacte-

ment ma parole. Mais soit que l'accommodement
se fasse ou non, je vous réponds, puisque vous
prenez si grand intérêt à la mémoire de feu
M. Perrault le médecin, qu'à la première édition qui paraîtra de mon livre, il y aura dans la
préface un article exprès en faveur de ce médecin, qui sûrement n'a point fait la façade du
Louvre, ni l'Observatoire, ni l'arc de triomphe,
comme on le prouvera dans peu démonstrative-
ment; mais qui au fond était un homme de beaucoup de mérite, grand physicien, et, ce que
j'estime encore plus que tout cela, qui avait
l'honneur d'être votre ami. Je doute même,
quelque mine que je fasse du contraire, qu'il
m'arrive jamais de prendre de nouveau la plume
pour écrire contre M. Perrault l'académicien,
puisque cela n'est plus nécessaire. En effet, pour
ce qui est de ses écrits contre les anciens, beaucoup de mes amis sont persuadés que je n'ai
déjà que trop employé de papier, dans mes Réflexions sur Longin, à réfuter des ouvrages si
pleins d'ignorance et si indignes d'être réfutés.
Et pour ce qui regarde ses critiques sur mes
mœurs et sur mes ouvrages, le seul bruit, ajou-
tent-ils, qui a couru que vous aviez pris mon
parti contre lui est suffisant pour me mettre à
couvert de ses invectives. J'avoue qu'ils ont
raison. La vérité est pourtant que pour rendre
ma gloire complète il faudrait que votre lettre
fût publiée. Que ne ferais-je point pour en obtenir de vous le consentement! Faut-il se dédire
de tout ce que j'ai écrit contre M. Perrault? Faut-
il se mettre à genoux devant lui? Faut-il lire tout
Saint-Paulin? Vous n'avez qu'à dire; rien ne me
sera difficile.

　　　Je suis avec beaucoup de respect, etc.

A M. LE VERRIER.

N'êtes-vous plus fâché, monsieur, du peu de
complaisance que j'eus hier pour vous? Non, sans
doute, vous ne l'êtes plus; et je suis persuadé
qu'à l'heure qu'il est vous goûtez toutes mes
raisons. Supposé pourtant que votre colère dure
encore, je m'offre d'aller aujourd'hui chez vous
à midi et demi vous prouver le verre à la main,
par plus d'un argument en forme, qu'un homme
comme moi n'est point obligé de préférer son
plaisir à sa santé, ni de demeurer à souper,
même avec la meilleure compagnie du monde,
quand il sent que cela le pourrait incommoder,
et quand il a pour s'en excuser soixante et six
raisons aussi bonnes et aussi valables que celles
que la vieillesse avec ses doigts pesants m'a
jetées sur la tête. Et pour commencer ma
preuve, je vous dirai ces vers d'Horace à Mé-
cénas :

> Quam mihi das ægro, dabis ægrotare timenti,
> Mæcenas, veniam.

En cas donc que vous vouliez que j'achève ma
démonstration, mandez-moi.

> Si validus, si lætus eris, si denique posces.

Autrement, ordonnez qu'on ne m'ouvre point
chez vous. J'aime encore mieux n'y point entrer que d'y être mal reçu. Au reste j'ai soi-
gneusement relu votre plainte contre les Tui-
leries, et j'y ai trouvé des vers si bien tournés,
que franchement en les lisant je n'ai pu me
défendre d'un moment de jalousie poétique

contre vous; de sorte qu'en la remaniant j'ai
plutôt songé à vous surpasser qu'à vous réfor-
mer. C'est cette jalousie qui m'a fait mettre la
pièce en l'état où vous l'allez voir. Prenez la
peine de la lire.

PLAINTE CONTRE LES TUILERIES,

Agréables jardins, où les Zéphirs et Flore.
Se trouvent tous les jours au lever de l'Aurore;
Lieux charmants, qui pouvez, dans vos sombres réduits
Des plus tristes amants adoucir les ennuis;
Cessez de rappeler dans mon âme insensée
De mon premier bonheur la gloire enfin passée.
Ce fut, je m'en souviens, dans cet antique bois
Que Philis m'apparut pour la première fois;
C'est ici que souvent, dissipant mes alarmes,
Elle arrêtait d'un mot mes soupirs et mes larmes;
Et que, me regardant d'un air si gracieux,
Elle m'offrait le ciel ouvert dans ses beaux yeux.
Aujourd'hui cependant, injustes que vous êtes,
Je sais qu'à mes rivaux vous prêtez vos retraites,
Et qu'avec elle assis sur vos tapis de fleurs
Ils triomphent contents de mes vaines douleurs.
Allez, jardins dressés par une main fatale,
Tristes enfants de l'art du malheureux Dédale;
Vos bois, jadis pour moi si charmants et si beaux,
Ne sont plus qu'un désert, refuge des corbeaux;
Qu'un séjour infernal, où cent mille vipères
Tous les jours en naissant assassinent leurs mères.

Je ne sais, monsieur, si dans tout cela vous
reconnaîtrez votre ouvrage, et si vous vous ac-
commoderez des nouvelles pensées que je vous
prête. Quoi qu'il en soit, faites-en tel usage que
vous jugerez à propos; car pour moi je vous déclare que je n'y travaillerai pas davantage. J
ne vous cacherai pas même que j'ai une espèc
de confusion d'avoir, par une molle complai
sance pour vous, employé quelques heures à u

ouvrage de cette nature, et d'être moi-même tombé dans le ridicule dont j'accuse les autres, et dont je me suis si bien moqué par ces vers de la satire à mon esprit :

Faudra-t-il de sang-froid, et sans être amoureux,
Pour quelque Iris en l'air faire le langoureux ;
Lui prodiguer les noms de Soleil et d'Aurore,
Et toujours bien mangeant mourir par métaphore ?

Ce qu'il y a de sûr, c'est que je ne retomberai plus dans une pareille faiblesse, et que c'est à ces vers d'amourettes, bien plus justement qu'à ceux de ma pénultième épître, qu'aujourd'hui je dis très-sérieusement :

Adieu, mes vers, adieu pour la dernière fois.

Du reste je suis parfaitement votre, etc.

A M. RACINE.

JE crois que vous serez bien aise d'être instruit de ce qui s'est passé dans la visite que nous avons, suivant votre conseil, rendue ce matin, mon frère le docteur de Sorbonne et moi, au R. P. de la Chaise. Nous sommes arrivés chez lui sur les neuf heures ; et sitôt qu'on lui a dit notre nom, il nous a fait entrer. Il nous a reçus avec beaucoup d'agrément, m'a interrogé fort obligeamment sur l'état de ma santé, et a paru fort content de ce que je lui ai dit que mon incommodité n'augmentait point. Ensuite il a fait apporter des chaises, s'est mis tout proche de moi, afin que je le pusse mieux entendre, et aussitôt entrant en matière, m'a dit que vous lui aviez lu un ouvrage de ma façon, où il y avait beaucoup de bonnes choses, mais que la matière que j'y

2.	11

traitais était une matière fort délicate et qui de-
mandait beaucoup de savoir : qu'il avait autrefois
enseigné la théologie, et qu'ainsi il devait être instruit de cette matière à fond : qu'il fallait faire
une grande différence de l'amour affectif d'avec
l'amour effectif : que ce dernier était absolument
nécessaire, et entrait dans l'attrition ; au lieu que
l'amour affectif venait de la contrition parfaite ; et
qu'ainsi il justifiait par lui-même le pécheur, mais
que l'amour effectif n'avait d'effet qu'avec l'abso-
lution du prêtre. Enfin il nous a débité en très-
bons termes tout ce que beaucoup d'habiles auteurs scholastiques on écrit sur ce sujet ; sans
pourtant dire, comme quelques-uns d'eux, que
l'amour de Dieu, absolument parlant, n'est point
nécessaire pour la justification du pécheur. Mon
frère applaudissait à chaque mot qu'il disait, pa-
-raissant être enchanté de sa doctrine, et encore
plus de sa manière de l'énoncer. Pour moi, je
suis demeuré dans le silence. Enfin, lorsqu'il a
cessé de parler, je lui ai dit que j'avais été fort
surpris qu'on m'eût prêté des charités auprès de
lui, et qu'on lui eût donné à entendre que j'a-
vais fait un ouvrage contre les jésuites : ajoutant
que ce serait une chose bien étrange, si soutenir qu'on doit aimer Dieu s'appelait écrire contre les jésuites ; que mon frère avait apporté
avec lui vingt passages de dix ou douze de leurs
plus fameux écrivains, qui soutenaient, en termes beaucoup plus forts que ceux de mon épître,
que pour être justifié il faut indispensablement
aimer Dieu ; qu'enfin j'avais si peu songé à écrire
contre les jésuites, que les premiers à qui j'avais
lu mon ouvrage, c'étaient six jésuites des plus
célèbres, qui m'avaient tous dit qu'un chrétien
ne pouvait pas avoir d'autres sentiments sur l'a-

mour de Dieu que ceux que j'énonçais dans mes
vers. J'ai ajouté ensuite que depuis peu j'avais eu
l'honneur de réciter mon ouvrage à monseigneur
l'archevêque de Paris, et à monseigneur l'évêque
de Meaux, qui en avaient tous deux paru, pour
ainsi dire, transportés; qu'avec tout cela néanmoins, si sa révérence croyait mon ouvrage périlleux, je venais présentement pour le lui lire, afin
qu'il m'instruisît de mes fautes. Enfin je lui ai
fait le même compliment que je fis à monseigneur l'archevêque lorsque j'eus l'honneur de
le lui réciter, qui était que je ne venais pas pour
être loué, mais pour être jugé; que je le priais
donc de me prêter une vive attention, et de trouver bon même que je lui répétasse beaucoup
d'endroits. Il a fort approuvé ma proposition, et
je lui ai lu mon épître très-posément, jetant au
reste dans ma lecture toute la force et tout l'agrément que j'ai pu. J'oubliais de vous avertir que
je lui ai auparavant dit encore une particularité
qui l'a assez agréablement surpris, c'est à savoir
que je prétendais n'avoir proprement fait autre
chose dans mon ouvrage que mettre en vers la
doctrine qu'il venait de nous débiter, et l'ai assuré que j'étais persuadé que lui-même n'en dis-
conviendrait pas. Mais pour en revenir au récit
de ma pièce, croiriez-vous, monsieur, que la
chose est arrivée comme je l'avais prophétisé,
et qu'à la réserve de deux petits scrupules qu'il
vous a dit et qu'il nous a répété qui lui étaient venus au sujet de ma hardiesse à traiter en vers
une matière si délicate, il n'a fait d'ailleurs que
s'écrier : « PULCHRÈ! BENÈ! RECTÈ! Cela est vrai.
« Cela est indubitable. Voilà qui est merveilleux.
« Il faut lire cela au roi. Répétez-moi encore
« cet endroit. Est-ce là ce que M. Racine m'a lu »?

Il a été surtout extrêmement frappé de ces vers que vous lui aviez passés, et que je lui ai récités avec toute l'énergie dont je suis capable :

Cependant on ne voit que docteurs, même austères,
Qui, les semant partout, s'en vont pieusement
De toute piété saper le fondement, etc.

Il est vrai que je me suis heureusement avisé d'insérer dans mon épître huit vers que vous n'avez point approuvés, et que mon frère juge très-à-propos de rétablir. Les voici. C'est ensuite de ce vers :

Oui, dites-vous. Allez, vous l'aimez, croyez-moi.
Qui fait exactement ce que ma loi commande,
A pour moi, dit ce Dieu, l'amour que je demande.
Faites-le donc; et, sûr qu'il nous veut sauver tous,
Ne vous alarmez point pour quelques vains dégoûts.
Qu'en sa ferveur souvent la plus sainte âme éprouve:
Marchez, courez à lui; qui le cherche le trouve.
Et plus de votre cœur il paraît s'écarter,
Plus par vos actions songez à l'arrêter.

Il m'a fait redire trois fois ces huit vers. Mais je ne saurais vous exprimer avec quelle joie, quels éclats de rire il a entendu la prosopopée de la fin. En un mot, j'ai si bien échauffé le révérend père, que, sans une visite que dans ce temps-là M. son frère lui est venu rendre, il ne nous laissait point partir que je ne lui eusse récité aussi les deux autres nouvelles épîtres de ma façon que vous avez lues au roi. Encore ne nous a-t-il laissé partir qu'à la charge que nous l'irions voir à sa maison de campagne, et il s'est chargé de nous faire avertir du jour où nous l'y pourrions trouver seul. Vous voyez donc, monsieur, que si je ne suis pas bon poète, il faut que je sois bon récitateur. Après avoir quitté le P. de la Chaise, nous avons été voir le P. Gaillard, à qui j'ai aussi, comme vous pouvez penser, récité l'épitre. Je ne vous dirai point les louanges excessives qu'il m'a données. Il m'a traité d'homme inspiré de Dieu, et m'a dit qu'il n'y avait que des coquins qui pussent contredire mon opinion. Je l'ai fait ressouvenir du petit théologien avec qui j'eus une prise devant lui chez M. de Lamoignon. Il m'a dit que ce théologien était le dernier des hommes ; que si sa société avait à être fâchée, ce n'était pas de mon ouvrage, mais de ce que des gens osaient dire que cet ouvrage était fait contre les jésuites. Je vous écris tout ceci à dix heures du soir, au courant de la plume. Je vous prie de retirer la copie que vous avez mise entre les mains de madame de.... afin que je lui en donne une autre où l'ouvrage soit dans l'état où il doit demeurer. Je vous embrasse de tout mon cœur, et suis tout à vous.

A M. DE MAUCROIX.

Les choses hors de vraisemblance qu'on m'a dites de M. de La Fontaine sont à-peu-près celles que vous avez dévinées ; je veux dire que ce sont ces haires, ces cilices et ces disciplines dont on m'a assuré qu'il affligeait fréquemment son corps, et qui m'ont paru d'autant plus incroyables de notre défunt ami, que jamais rien, à mon avis, ne fut plus éloigné de son caractère que ces mortifications. Mais quoi ! la grâce de Dieu ne se borne pas à des changements ordinaires, et c'est quelquefois de véritables métamorphoses qu'elle fait. Elle ne paraît pas s'être répandue de la même sorte sur le pauvre M. Cassandre, qui est

mort tel qu'il a vécu, c'est à savoir très-misan-
thrope, et non-seulement haïssant les hommes,
mais ayant même assez de peine à se réconcilier
avec Dieu, à qui, disait-il, si le rapport qu'on
m'a fait est véritable, il n'avait nulle obligation.
Qui eût cru que de ces deux hommes c'était M. de
La Fontaine qui était le vase d'élection? Voilà,
monsieur, de quoi augmenter les réflexions sages et chrétiennes que vous me faites dans votre
lettre, et qui me paraissent partir d'un cœur
sincèrement persuadé de ce qu'il dit.

Pour venir à vos ouvrages, j'ai déjà commencé
à conférer le dialogue des orateurs avec le latin.
Ce que j'en ai vu me paraît extrêmement bien.
La langue y est parfaitement écrite. Il n'y a rien
de gêné, et tout y paraît libre et original. Il y a
pourtant des endroits où je ne conviens pas du
sens que vous avez suivi. J'en ai marqué quelques-uns avec du crayon, et vous y trouverez ces
marques quand on vous les renverra. Si j'ai le
temps, je vous expliquerai mes objections; car
je doute sans cela que vous les puissiez bien comprendre. En voici une que par avance je vais
vous écrire, parce qu'elle me paraît plus de conséquence que les autres. C'est à la page 6 de votre
manuscrit, où vous traduisez :

Minimum inter tot ac tanta locum obtinent imagines, ac tituli, et statuæ, quæ neque ipsa tamen ne-
gliguntur.

« Au prix de ces talents si estimables, qu'est-ce que
« la noblesse et la naissance, qui pourtant ne sont pas
« méprisées? »

Il ne s'agit point, à mon sens, dans cet endroit, de la noblesse ni de la naissance, mais des
images, des inscriptions et des statues qu'on fai-

sait faire souvent à l'honneur des orateurs, et
qu'on leur envoyait chez eux. Juvénal parle d'un
avocat de son temps qui prenait beaucoup plus
d'argent que les autres, à cause qu'il en avait
une équestre. Sans rapporter ici toutes les preuves que je vous pourrais alléguer, Maternus lui-
même, dans votre dialogue, fait entendre clairement la même chose lorsqu'il dit que « ces sta-
« tues et ces images se sont emparées malgré lui
« de sa maison. »

AEra et imagines quæ, etiam me nolente, in do-
mum meam irruperunt.

Excusez, monsieur, la liberté que je prends
de vous dire si sincèrement mon avis. Mais ce
serait dommage qu'un aussi bel ouvrage que le
vôtre eût de ces taches où les savants s'arrêtent,
et qui pourraient donner occasion de le ravaler.
Et puis vous m'avez donné tout pouvoir de vous
dire mon sentiment.

Je suis bien aise que mon goût se rencontre si
conforme au vôtre dans tout ce que je vous ai dit
de nos auteurs, et je suis persuadé aussi bien que
vous que M. Godeau est un poëte fort estimable.
Il me semble pourtant qu'on peut dire de lui ce
que Longin dit d'Hypéride, qu'il est toujours à
jeun, et qu'il n'a rien qui remue ni qui échauffe,
en un mot qu'il n'a point cette force de style et
cette vivacité d'expression qu'on cherche dans
les ouvrages, et qui les font durer. Je ne sais
point s'il passera à la postérité, mais il faudra
pour cela qu'il ressuscite, puisqu'on peut dire
qu'il est déjà mort, n'étant presque plus maintenant lu de personne. Il n'en est pas ainsi de Malherbe, qui croît de réputation à mesure qu'il
s'éloigne de son siècle. La vérité est pourtant, et

c'était le sentiment de notre cher ami Patru, que
la nature ne l'avait pas fait grand poète. Mais il
corrige ce défaut par son esprit et par son travail ; car personne n'a plus travaillé ses ouvrages
que lui, comme il paraît assez par le petit nombre de pièces qu'il a faites. Notre langue veut
être extrêmement travaillée. Racan avait plus
de génie que lui ; mais il est plus négligé, et
songe trop à le copier. Il excelle surtout, à mon
avis, à dire les petites choses ; et c'est en quoi il
ressemble mieux aux anciens, que j'admire surtout par cet endroit. Plus les choses sont sèches
et malaisées à dire en vers, plus elles frappent
quand elles sont dites noblement, et avec cette
élégance qui fait proprement la poésie. Je me
souviens que M. de La Fontaine m'a dit plus
d'une fois que les deux vers de mes ouvrages
qu'il estimait davantage, c'étaient ceux où je
loue le roi d'avoir établi la manufacture des ponts
de France, à la place des ponts de Venise. Les
voici. C'est dans la première épître à sa majesté :

> Et nos voisins frustrés de ces tributs serviles
> Que payait à leur art le luxe de nos villes.

Virgile et Horace sont divins en cela, aussi
bien qu'Homère. C'est tout le contraire de
nos poètes, qui ne disent que des choses vagues,
que d'autres ont déjà dites avant eux, et dont
les expressions sont trouvées. Quand ils sortent
de là, ils ne sauraient plus s'exprimer, et ils
tombent dans une sécheresse qui est encore pire
que leurs larcins. Pour moi, je ne sais pas si
j'y ai réussi ; mais quand je fais des vers, je
songe toujours à dire ce qui ne s'est point encore
dit en notre langue. C'est ce que j'ai principalement affecté dans une nouvelle épître que j'ai

faite à propos de toutes les critiques qu'on a imprimées contre ma dernière satire. J'y conte tout ce que j'ai fait depuis que je suis au monde. J'y rapporte mes défauts, mon âge, mes inclinations, mes mœurs. J'y dis de quel père et de quelle mère je suis né. J'y marque les degrés de ma fortune, comment j'ai été à la cour, comment j'en suis sorti, les incommodités qui me sont survenues, les ouvrages que j'ai faits. Ce sont bien de petites choses dites en assez peu de mots, puisque la pièce n'a pas plus de 150 vers. Elle n'a pas encore vu le jour, et je ne l'ai pas même encore écrite. Mais il me paraît que tous ceux à qui je l'ai récitée en sont aussi frappés que d'aucun autre de mes ouvrages. Croiriez-vous, monsieur, qu'un des endroits où ils se récrient le plus, c'est un endroit qui ne dit autre chose, sinon qu'aujourd'hui que j'ai cinquante-sept ans, je ne dois plus prétendre à l'approbation publique? Cela est dit en quatre vers, que je veux bien vous écrire ici afin que vous me mandiez si vous les approuvez:

Mais aujourd'hui qu'enfin la vieillesse venue,
Sous mes faux cheveux blonds, déjà toute chenue,
A jeté sur ma tête avec ses doigts pesants
Onze lustres complets chargés de deux ans...

Il me semble que la perruque est assez heureusement frondée dans ces quatre vers. Mais, monsieur, à propos des petites choses qu'on doit dire en vers, il me paraît qu'en voilà beaucoup que je vous dis en prose, et que le plaisir que j'ai à vous parler de moi me fait assez mal-à-propos oublier à vous parler de vous. J'espère que vous excuserez un poète nouvellement délivré d'un ouvrage. Il n'est pas possible qu'il s'empêche d'en parler, soit à droit, soit à tort.

Je reviens aux pièces que vous m'avez mises entre les mains. Il n'y en a pas une qui ne soit très-digne d'être imprimée. Je n'ai point vu les traductions des traités de la Vieillesse et de l'Amitié, qu'a faites aussi bien que vous le dévot dont vous vous plaignez; tout ce que je sais, c'est qu'il a eu la hardiesse, pour ne pas dire l'impudence, de retraduire les Confessions de saint Augustin après messieurs de Port-Royal; et qu'étant autrefois leur humble et rampant écolier, il s'était tout-à-coup voulu ériger en maître. Il a fait une préface au-devant de sa traduction des Sermons de saint Augustin, qui, quoiqu'assez bien écrite, est un chef-d'œuvre d'impertinence et de mauvais sens. M. Arnauld, un peu avant que de mourir, a fait contre cette préface une dissertation qui est imprimée. Je ne sais si on vous l'a envoyée; mais je suis sûr que si vous l'avez lue, vous convenez avec moi qu'il ne s'est rien fait en notre langue de plus beau ni de plus fort sur les matières de rhétorique. C'est ainsi que toute la cour et toute la ville en ont jugé, et jamais ouvrage n'a été mieux réfuté que la préface du dévot. Tout le monde voudrait qu'il fût en vie, pour voir ce qu'il dirait en se voyant si bien foudroyé. Cette dissertation est le pénultième ouvrage de M. Arnauld, et j'ai l'honneur que c'est par mes louanges que ce grand personnage a fini, puisque la lettre qu'il a écrite sur mon sujet à M. Perrault est son dernier écrit. Vous savez sans doute ce que c'est que cette lettre qui me fait un si grand honneur; et M. le Verrier en a une copie qu'il pourra vous faire tenir quand vous voudrez, supposé qu'il ne vous l'ait pas déjà envoyée. Il est surprenant qu'un homme dans l'extrême vieillesse ait conservé toute cette vigueur d'esprit et de mémoire qui paraît dans ces deux écrits, qu'il n'a fait pourtant que dicter; la faiblesse de sa vue ne lui permettant plus d'écrire lui-même.

Il me semble, monsieur, que voilà une longue lettre. Mais quoi! le loisir que je me suis trouvé aujourd'hui à Auteuil m'a comme transporté à Reims, où je me suis imaginé que je vous entretenais dans votre jardin, et que je vous revoyais encore, comme autrefois, avec tous ces chers amis que nous avons perdus, et qui ont disparu VELUT SOMNIUM SURGENTIS. Je n'espère plus de m'y revoir. Mais vous, monsieur, est-ce que nous ne vous reverrons plus à Paris? et n'avez-vous point quelque curiosité de voir ma solitude d'Auteuil? Que j'aurais de plaisir à vous y embrasser, et à déposer entre vos mains le chagrin que me donne tous les jours le mauvais goût de la plupart de nos académiciens! gens assez comparables aux Hurons et aux Topinambous, comme vous savez bien que je l'ai déjà avancé dans mon épigramme. « Clio vint l'autre jour, etc. » J'ai supprimé cette épigramme, et ne l'ai point mise dans mes ouvrages, parce qu'au bout du compte je suis de l'académie, et qu'il n'est pas honnête de diffamer un corps dont on est. Je n'ai même jamais montré à personne une badinerie que je fis ensuite pour m'excuser de cette épigramme. Je vais la mettre ici pour vous divertir; mais c'est à la charge que vous me garderez le secret, et que, ni vous ne la retiendrez par cœur, ni ne la montrerez à personne:

J'ai traité de Topinambous,
Tous ces beaux censeurs, je l'avoue,
Qui, de l'antiquité si follement jaloux,
Aiment tout ce qu'on hait, blâment tout ce qu'on loue,

Et l'académie, entre nous,
Souffrant chez soi de si grands fous,
Me semble un peu topinamboue.

C'est une folie, comme vous voyez; mais je vous
la donne pour telle. Adieu, monsieur; je vous
embrasse de tout mon cœur; et suis entièrement
à vous.

DESPRÉAUX.

FIN DU DERNIER TOME.

TABLE.

TOME SECOND.

LE LUTRIN.

FIN DE LA TABLE.

www.ingramcontent.com/pod-product-compliance
Lightning Source LLC
Chambersburg PA
CBHW070356090426
42733CB00009B/1440